ヒルクライムステップアップ

Hill Climb Step Up

篠（程《テイ》 瑶楓《ヨウフウ》）

日東書院

はじめに

私の「発見」をまとめました

どうも、篠です。

私はこれまでいろいろな趣味にハマってきました。マンガ、コスプレ、音楽ゲーム……。一つの物事を深掘りして「やりこむ」ことが好きなオタク気質だったのです。ただ、スポーツとは無縁でした。

しかしそんな私が、一番深く夢中になっているのが、ひょんなきっかけからはじめたロードバイクでした。人生で一番長く続いている趣味です。

私は大したスポーツ経験もなく、運動神経もよくありません。そんな私にとってのロードバイクとの日々は、まさに発見の連続でした。身体のちょっとした使い方ひとつでロードバイクの挙動が別物になるのです。

ロードバイクについての本を出すようなプロ選手やトップホビーレーサーの多くは、生まれながらのアスリートです。子どものころから身体を動かす楽しさを知り尽くしてきた人たちです。

しかし私はそうではありませんでした。そういうアスリートにとっては当たり前かもしれないことは、私にとっては当たり前ではなかったのです。

そして私は、そういうことを、一つ一つ見つけながらここまで来ました。上体の使い方や、ペダルの踏み方など、些細なことがパフォーマンスを大きく変える。それがロードバイクの面白いところです。シンプルに見えるヒルクライムも、実際はさまざまなノウハウの集合でした。


本書では、私が見つけたそのようなノウハウを、余さず掲載しました。トップ選手にとっては当たり前の内容も多いかもしれません。しかし、そういうノウハウの多くは文字にならず、世の中には知られずに来ました。かれらにとっては当たり前だからです。

しかし本書の内容は、私と同じように小さな発見を重ねながらロードバイクを楽しんでいる方々にとっては、必ず価値があると信じています。

篠

ヒルクライムステップアップ

CONTENTS

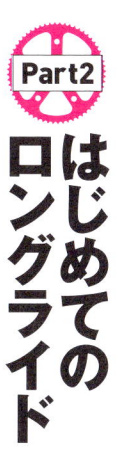

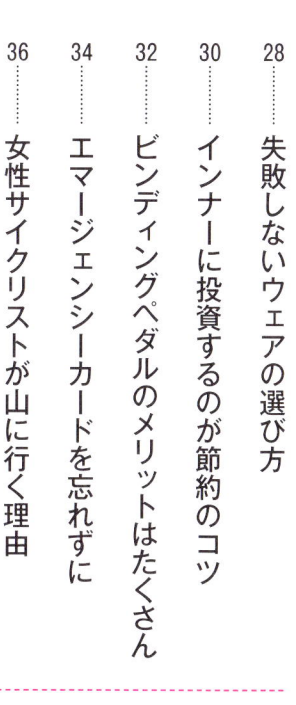

Part4 ヒルクライムをもっと好きになる

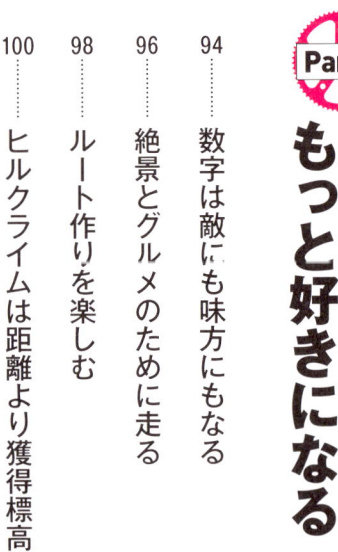

Part5 ダウンヒルの楽しさを知っていますか？

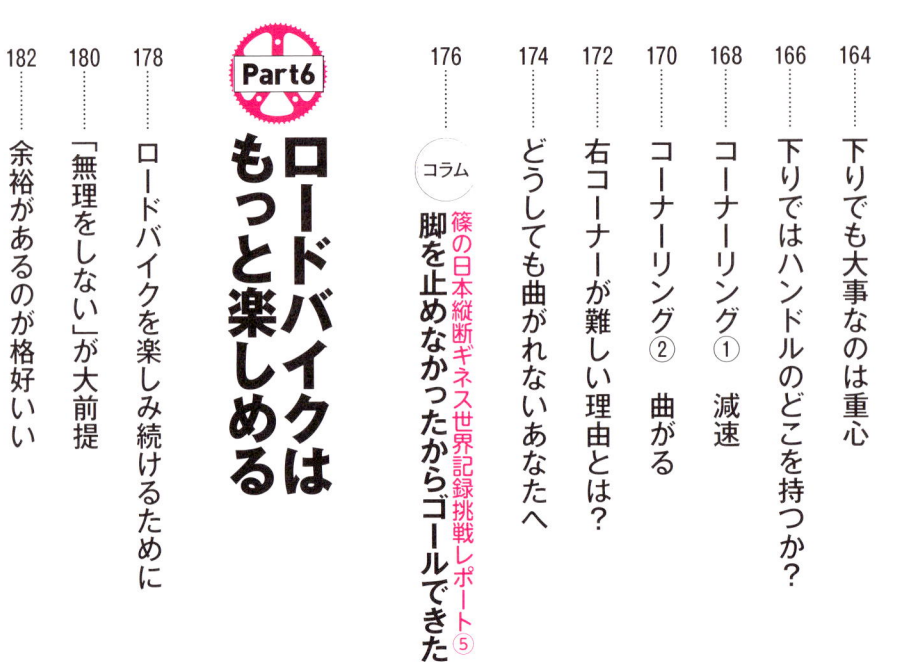

Part1

ロードバイクはじめの一歩

楽しむために速くなる

◎トレーニングは得意じゃない

レースに出たりしている私ですが、実は、トレーニングは苦手です。ロードバイクに乗ることはもちろん大好きなのですが、トレーニングだと思って走るのが好きではありません。義務感のようなプレッシャーに悩まされてしまうからです。ただし、その一方で「ロードバイクを楽しむためには脚力があったほうがいい」ことも、私は知っています。

もちろん、トレーニングが大好きで強くなるためにロードバイクを楽しんでいる方もたくさんいるでしょう。実際、トレーニングで速くなりたいサイクリストのための本がたくさん出ていますよね。

しかし、トレーニングにはあまり関心がなかったり、レースや大会を目標にはせずに走ることだけを楽しみたいサイクリストも多いはずです。私も、どちらかというとそういうタイプです。

でもその一方で、「速く走ること」「前の自分よりも速くなること」が、多くの人を魅了するのも事実だと思います。そもそも本来のロードバイクはレース用に速く走るために作られた自転車ですし、自分の能力が上がっていく様子を眺めるのが嫌いな人はいないでしょう。

そこで私は、「楽しむために速くなる」という新たな道をご提案したいと思っています。レースでの優勝を狙うほど「ガチ」ではないけれど、やっぱり速くなることに興味があって、今以上にロードバイクを楽しみたい。そんな方はぜひ、本書を読んでみてください。

ポイント

- トレーニングだけがロードバイクの楽しみではない
- でも、速くなることは誰にとっても魅力的。ならば「楽しむために速く」なろう

速くなるとロードバイクをもっと楽しめる

速くなるとロードバイクの楽しみの幅が増え、今以上に楽しめるようになる

アドバイス

私のようにトレーニングが苦手な方でも、「もっとロードバイクを楽しむ」ということを目的として速くなることはお勧めできます。

片道6キロからのロングライド

◎マンガがきっかけだった

私がはじめてロードバイクを買ったのは2014年。当時はまだ大学生でした。

マンガ『弱虫ペダル』（渡辺航、秋田書店）の大ファンで、それをきっかけにロードバイクを知りました。自分が競技をするつもりはまったくなかったのですが、ある日、大手サイクルショップで見かけたリドレーの女性向けモデルのフレームが可愛くて、思い切って購入したのでした。親切なショップの店員さんに色々教えてもらいながら、シマノの「105」のコンポーネントで組んだ思い出のバイクです。

自転車関係の知り合いはおらず、当時は今ほどSNSにも情報はありませんでしたから、私はなにも知らないまま普段着でロードバイクに乗りはじめました。もちろんペダルはフラットペダルです。

はじめての「サイクリング」は、家からそのショップへの往復でした。片道6キロ×2の往復12キロだったと思いますが「自転車なのにずいぶん走ったなあ」と感じたことをよく覚えています。

その後も特に「距離を伸ばそう」という発想はなく、近所やショップへの往復を走るくらいでしたが、ある日、変化が訪れます。いつものようにショップに行って家に帰ってきたのですが、買い忘れたものがあることに気づいてしまったのです。

私はやむを得ずもう一度ショップに行き、買い物をして帰りました。つまり合計24キロ走ったことになりますが、思ったほどの疲れはありませんでした。

「意外と走れるものだな」とはじめて思ったのは、そのときです。

ポイント

- ◉ ショップへの片道6キロ×2がはじめてのサイクリング
- ◉ 走ったことがある距離×2ならば、緊張せずに距離を伸ばしやすい

はじめてのロードバイク

はじめて買ったロードバイク。最初のサイクリングはショップまでの片道6キロだった

アドバイス

当時の私にはレースやトレーニングという発想はまったくありませんでしたが、ショップへの往復にはじまって、自然体で距離を伸ばしていくことができました。

はじめてのロングライド

◎距離を倍に伸ばしていく

思わぬきっかけから24キロもの「ロングライド」を経験できた大学生の私ですが、それほどの疲れはありませんでした。

なによりも、「実際に24キロ走り切ったことがある」という事実が自信になります。一度24キロを走りきれたということは、また走ることもできるということを意味しているからです。私は、もう少し遠くまで走ってみようと思うようになりました。

そのころの私は東京都の新宿付近に住んでいましたが、同じ東京の立川市に、貴重な自転車友達が住んでいました。彼女は私と同じように『弱虫ペダル』のファンでコスプレなどを一緒に楽しんでいたのですが、やはり同じころ、ロードバイクを買っていました。

私はためしに、スマホの地図アプリで自宅から彼女の家までの距離を測ってみました。すると、30キロほどではないですか。一度24キロを走りきれた私にとって、現実的な距離です。

私は自宅から彼女の家まで、ロードバイクで走ってみることにしました。すると、やはり問題なく到着できます。私は彼女と一緒に近所の多摩川を走り、「サイクリングロード」というものの存在を知りました。

楽しい一日を過ごした私ですが、行ったら帰らなければいけません。それはまた30キロ走る必要があるということですが、一度走ったことがある30キロですから、あまりハードルの高さは感じません。

こうして私は、一日かけて60キロを走り切りました。はじめてのロングライドと言ってもいいかもしれません。

ポイント

- ◉ 一度走れた距離なら、二度目はもっと簡単に走れる
- ◉ 「自分は何キロまで走ったことがあるか」を意識して、少しずつ距離を伸ばしていこう

サイクリングロード

ある程度大きな川沿いにはサイクリングロードが整備されていることが多い。自動車がいないため、とても走りやすい

アドバイス

ロングライドにチャレンジするときは距離を数字で意識するより「走ったことがある距離かどうか」を意識するといいでしょう。一度走った距離ならば、次はもっと簡単です。

クリスマスイブのひとりロングライド

◎ハダノってどこだろう?

ところで私は『弱虫ペダル』の中でも新開隼人というキャラクターが好きなのですが、彼は「秦野」という場所に住んでいる設定になっていました。

立川の友人のところまで往復した翌日、ふとそのことを思い出してグーグルマップで位置を調べてみると、秦野は自宅から64キロのところにあると表示されるではないですか。

64キロ。それは、まさに私が昨日走り切った距離です。一度走れたということは、また走れるということでもあります。つまり、私は「聖地」である秦野まで走れるのです。

その日は12月24日で、時間は午後4時近くになっていました。私は無謀にも、クリスマスイブの夕方に秦野に向かって走り出したのでした。

国道246号をひた走るうちに日は落ち、周囲は山がちになってきます。ライトは乾電池式の小さなものなので周囲に何があるのかもはっきりしない中、私はほうほうのていで夜中の9時ごろに秦野駅に到着しました。

私は駅前のイルミネーションを見ながら、ついに「聖地」にたどり着いたことに感動していたのですが、一息つくと帰りのことを考えていなかったことに気づきました。私はやむを得ず、駅前のハンバーガーショップで閉店まで休憩し、同じ道を走って帰りました。新宿の家に戻ったときには朝でした。

これが私のロングライドデビューです。皆さんはマネしないでくださいね。

ポイント

- ◉ 関東のヒルクライマーの「聖地」が神奈川県にあるヤビツ峠
- ◉ ヤビツ峠の「表」側のアプローチには国道246号が使われることが多い

国道246号

東京都の千代田区から神奈川県を経て静岡県にまで至る国道246号。都内からヤビツ峠へのアプローチに使われるが、自動車は多い

アドバイス

クリスマスの夜中に走ることはお勧めしませんが、一度走りきった距離を片道として距離を伸ばしていく方法は、100キロくらいまでは有効です。

押して上ったはじめてのヤビツ

◎ヒルクライムにチャレンジ

私はイブのロングライドでさすがに満足し、ちょうどそのころ佳境を迎えていた大学の卒業論文と就職活動に注力することにしました。

年が明けて2月、卒論も就活も一段落した私は、もう一度秦野に行くことにしました。調べているうちに、サイクリストには峠を上る習性(?)があり、秦野のヤビツ峠は人気の場所だということがわかったからです。そういえばたしかに『弱虫ペダル』には峠を上るシーンがよく出てきていました。

こうして私はヤビツ峠に向かったのですが、到着してみると、有名な場所のはずなのにサイクリストがまったくいません。今思うと雪だらけの真冬の裏ヤビツを上る物好きなどそうそういるわけはないのですが、当時の私にはそんな知識もありませんでした。

なんか変だなと思いつつ上りはじめたのですが、ぜんぜん前に進みません。それもそのはずで、当時の私はほとんど普段着でヤビツ峠に挑んでいたのでした。上はパーカーで下はジーンズ、ペダルはもちろんフラットペダルで、背中には飲み物とおやつが入ったリュックを背負っていました。

私はその格好で、ほとんどの道のりを押して雪のヤビツを越えました。そして表側に下り、前と同じように国道246号でなんとか家に帰りつきます。

私はふらふらになりつつ思いました。山はたしかに気持ちいい。でも、もう少し「余裕」ができると、もっと楽しめるのでは?

ポイント

- ◉ 峠道を上る「ヒルクライム」は平地のライドとは異なるジャンル。重力と戦いながら道を上る
- ◉ ヒルクライムを楽しむためには走力だけではなく、装備や経験を含めた「余裕」が必要

普段着でのヤビツ

普段着でヤビツ峠に上っていたころ。専用ウェアの快適さはまだ知らなかった

アドバイス

峠は確かに楽しいのですが、走りに余裕があると、もっと楽しむことができます。その余裕とは、装備や脚力、テクニック面の余裕です。

走りを楽しむための「余裕」

◎脚力が余裕につながる

ロードバイクのトレーニングにいそしむ多くのサイクリストは、速くなりたいからトレーニングをしているのだと思います。あるいはレースでの成績を上げたいのかもしれませんが、「速くなること」が目的である点は変わりありません。

私も速くなりたいと思っています。でも、私にとっての「速くなること」は目的ではありません。手段なのです。何のための手段かというと、もっと楽しむためです。

はじめてヤビツを上った私がまず思ったのは、「もっと脚力に余裕があれば風景を楽しめるのでは」ということでした。先に書いたように当時の私の脚力ではとてもヤビツを上り切れず大半を押して歩いたのですが、ロードバイクに乗ったまま上り切れるくらいの脚力があれば、もっと周囲を見る余裕ができたでしょう。

上りがあれば下りもあります。はじめてのヤビツの下りは怖いだけでしたが、下りのテクニックがあれば楽しめたはずです。

そして、これは脚力ではありませんが、ちゃんとしたウェアを着て快適な状態で臨めば、やはり余裕が出てもっと楽しかったに違いありません。

このように、脚力やテクニック、装備、体力に余裕があると、もっとヒルクライムを楽しむことができるのです。

だから、レースや記録に興味がない人でも、ロードバイクのトレーニングをする意味は大いにあるでしょう。もっとロードバイクを楽しむためにです。

ポイント

- ◎ 力に余裕があればヒルクライムをもっと楽しめるようになる
- ◎ 下りのテクニックや装備面でも余裕があれば楽しさにつながる

サイクリング専用のウェア

サイクリング用のウェア。価格も安くないため少しハードルが高いが、擦れや痛み、汗による蒸れなどから身体を守ってくれ、とても快適に走ることができる

アドバイス

脚力やテクニックが身につき、ステップアップするほど楽しくなるのがロードバイクです。トレーニングの価値は、そこにもあるのではないでしょうか。

速くなれば時間の余裕ができる

◎「速さ」の意外なメリット

いろいろな「余裕」の中でも、とくにメリットが大きいのが速さです。

ロードバイクでの速さは、選手としての強さやパフォーマンスとして語られることがほとんどですが、実はサイクリングを楽しくするためにも大いに役立ってくれるのです。

理由の一つは、時間に余裕が生まれるからです。

どんな場合であっても、ロードバイクに乗れる時間には限りがあります。もし週末のまるまる1日をオフにしてヒルクライムを楽しむとしても、後で解説しますが、遅くとも日没までには山を下り終えていなければいけません。暗くなると危険だからです。

あるいは「夕方からは友達と会う」とか「午後は家族と過ごす」といった具合に、サイクリングの終わりの時間が決まっていることも多いでしょう。

そんなとき、もし平均時速が5キロ速ければ、同じコースでもより早く走り切れることになりますから、そこに時間の余裕が生まれます。そして時間に余裕があれば、カフェでお茶を飲んだり気になるコースに寄り道したりと、新しい楽しみに出会えます。

とくにヒルクライムでは、脇道に入れば思いもかけない景色に出会えることもしばしばですし、それこそが大きな魅力でもあります。それに、余裕を持って走ることができれば、安全にダウンヒルを楽しめるでしょう。

だから、速くなって時間に余裕ができることは、とても大きな意味を持つのです。

ポイント

- ◉ 速くなることは時間的な余裕を生むことにつながる
- ◉ 時間的な余裕があれば寄り道などサイクリングをより深く楽しむことができる

寄り道のススメ

ヒルクライムでは新しい道を見つけることも楽しみの一つ。そのためには時間的な余裕が欠かせない

アドバイス

「速くなる」というとストイックな響きがありますが、実はもっとロードバイクを楽しむためにも、とても有効な手段なのです。そう、速くなることは目的ではなく手段です。

輪行ヒルクライムの勧め

◎「輪行」で山までワープ！

就職してからの私は、週末ごとに東京や神奈川県の山でヒルクライムを楽しむようになりました。住んでいた新宿から走っていくと、もっとも近い高尾山の大垂水峠でも片道50キロほどあります。そのころには往復100キロを超えるサイクリングも問題ないくらいの脚力は身についていたのですが、やがて、山までアプローチする時間がもったいないと感じるようになりました。

私が走りたいのは、あくまでも山です。自動車だらけの幹線道路ではありません。それに自動車が多い道は危険でもあります。

そんなタイミングで、私はロードバイクを持って電車に乗る「輪行」の存在を知りました。通常は自転車をそのまま電車に持ち込むことは許されていませんが、分解して専用の「輪行袋」に収納すると、電車に持ち込めるようになるのです（細かいルールは鉄道各社によって違います）。

私は峠まで自走することをやめ、最寄り駅から輪行して山の方まで行くことにしました。すると、ストレスが大きくて危険な市街地を走らないで済むのはもちろんですが、限られた時間をすべて山を走ることに使えるため、自走で山に行っていたときよりもずっとヒルクライムを楽しめるようになりました。

また、山まで自走するのとは違い、体力を消耗していない状態で上りはじめられますから、やはりそれも思いっきり楽しめることに繋がりました。読者の皆さんにも輪行をお勧めします。やり方などの詳細はP38～をどうぞ。

ポイント

- 自転車を専用の袋に入れ公共交通機関を使うことを「輪行」とよぶ
- 峠まで輪行すると純粋にヒルクライムだけを楽しむことができる

ロードバイクを袋に入れる「輪行」

「輪行袋」と呼ばれる専用の袋にロードバイクを入れれば、電車に乗せられるようになる。輪行袋に収めるためには前後のホイールを外す必要があるが、慣れれば難しくない

アドバイス

輪行をするサイクリストは意外と少ないのですが、もっとロードバイクを楽しむためにはとても効果的で、お金もあまりかかりません。お勧めします！

専用ウェアは効果抜群

◎ウェア、ヘルメット、アイウェア

ロードバイクに乗りはじめて間もない人、とくに女性にとってハードルが高いのがウェアだと思います。身体のラインが出てしまうし、「いかにもサイクリスト」という目立つ格好。それに、ハイエンドだと価格もかなり高くなってしまいます。

ですから、動きやすい一般的な服装で済ませている人も多いのではないでしょうか。Tシャツにパーカー、下はジャージという感じです。乗りはじめたころの私も同じで、その格好でなんとか100キロ以上のロングライドをこなしていました。しかし夏が来ると汗だくになるのに耐えられず、思い切って専用のウェアを買って着てみたところ、驚きました。快適さがまったく違います。お尻が痛くならないのはパンツのパッドの効果ですが、それ以上に動きやすく、透湿性が高いので快適であることにびっくりしました。

結論を書いておくと、ウェアは最初からちゃんとしたものを購入することをお勧めします。サイクリストがみな「あの格好」をしているのには理由があるのです。

また、ウェアに加えて、ヘルメットとアイウェア(サングラス)もそろえてください。命を守るヘルメットの必要性は皆さんもご存じだと思いますが、意外と見落とされがちなのがアイウェアです。アイウェアは日差しや風から目を守るだけではなく、虫の衝突を避ける効果もあります。とくにスピードを出しているときに目に虫が当たると深刻な後遺症のリスクがあるだけではなく、落車して事故につながることもあるため、アイウェアは重要です。

ポイント

- ◎ 専用ウェアの快適性は抜群。最初から購入しよう
- ◎ ウェアだけでなく、安全を考えるとヘルメットとアイウェアも必須

サイクリストのための専用ウェアとアイテム

身体にフィットする専用ウェアは極めて快適で動きやすい。また、頭部を守るヘルメットだけではなく、虫などから目を守るアイウェアもそろえたい

アドバイス

一度、ヒルクライムの後の下りでカメムシがアイウェアに激突し、涙が止まらなくなったことがありました。アイウェアがなかったらと思うとぞっとします。

失敗しないウェアの選び方

◎ウェアは思い切っていいものを

　調べていただくとわかると思うのですが、サイクリスト用のウェアにはかなりの価格差があります。特に今はネットの通販サイトに安価なウェアがたくさんあり、たとえばパンツだと、2、3000円程度から数万円のものまで幅があります。

　私も最初はあまりウェアにこだわってはいませんでしたが、サイクリングウェアブランド「ASSOS（アソス）」のアンバサダーになってからは考え方が変わりました。ウェアにはかなりクオリティの差があることを身を持って実感したからです。

　高価なものはフィット感のみならず、生地選びから縫い目の処理など細部までこだわっており、着心地は別格です。とくに冬物はそれが顕著で、見た目はスマートなシルエットなのにしっかり保温性があり、汗も籠らないため、安価なウェアとは快適性に大きな差があります。ロードバイク本体やパーツにお金を使うことも大事ですが、ウェアも投資する価値は絶大です。

　高価なだけに絶対に失敗したくないのがサイズ選びです。ありがちなミスは、身体のラインが出ることを嫌って大きめを選んでしまうこと。サイクリング用のウェアは身体に密着することで性能を発揮しますから、サイズが合っていないと台無しです。

　ですから、ジャストサイズかわずかに小さめのものを選ぶとよいでしょう。とくにロードバイクに乗りはじめて間もない方は、痩せていきがちですから、少し小さめのウェアを買ってもすぐにぴったりになるはずです。

ポイント

- ◉ ウェアの価格差は大きいが、価格差なりの快適性の違いがある
- ◉ サイズはぴったりのものを選ぶこと。大き目だと性能は台無し

ジャストサイズが基本

サイクリング用のウェアは身体に密着するように作られている。締め付けを嫌って大きめを選ばないように注意したい

アドバイス ロードバイクが高価なので、ウェアに割く予算はつい忘れがちですが、きちんと確保しておきましょう。サイクリングの快適さが大きく変わります。

インナーに投資するのが節約のコツ

◎インナーは季節に特化している

ウェアの快適さは価格に比例するとはいえ、いいものは高価です。「夏物」「冬物」「春秋物」とスキなくそろえるとかなりの金額になります。そこで私が勧めるのは、アウターではなくインナーに投資すること。もちろん夏物と冬物のアウターは必要ですが、夏と冬の間の中途半端な季節は、インナーの調節で過ごすのです。

実は私はアパレル業界で働いていたこともあるのですが、サイクリング用ウェアのインナーはかなり特殊で、対応する温度・シーズンに特化して作られています。したがって、一見、似たようなインナーでも、夏用と冬用、春秋用でははっきりと機能が違います。夏用は清涼感を追求していますが、春秋・冬用では体温を保ちつつ熱を逃さないよう、絶妙な作りになっています。

ですから、たとえば真夏は「夏用アウター＋夏用インナー」で過ごすことになりますが、春秋は専用のアウターを買うのではなく、「夏用アウター＋春秋用のインナー＋（必要に応じて）アーム・レッグウォーマー」でも快適に走ることができます（春秋もののアウターがあるなら、インナーは夏物でもいいですね）。

ちゃんとしたサイクリング専用のインナーは一万円近くすることも多いのですが、その性能は抜群です。アウターよりずっと安価なことを考えると、むしろコストパフォーマンスはとてもいい買い物だと言えるでしょう。

インナーとアーム・レッグウォーマー、ニーウォーマー、さらには防風用のジレといった小物があれば、少数のジャージでもかなり対応できる気温の幅が増えます。

ポイント

- サイクリング用インナーは想定されるシーズンによって機能がまったく違う
- インナーに投資すると同じジャージでも対応できる気温の幅が増える

ジレ

防風用のベストをジレと呼ぶ。バタつかないよう袖はないが、胴体を風から守るため防寒効果は抜群。折りたたためばとても小さくなる

アドバイス

インナーにもかなり価格の幅がありますが、例によって性能にも大きな差があります。快適に走るためにはインナーは大事です。

ビンディングペダルのメリットはたくさん

◎マリンシューズを持ち歩く

ロードバイクに乗っている人の多くは「ビンディングペダル」と呼ばれる、専用シューズをカチッとはめるタイプのペダルを使っています。ビンディングペダルを使うと効率的にロードバイクを進めることができますし、ペダリング中に足が滑ってしまう心配もありません。その意味では安全面でもメリットがあります。

「ペダルが外れずに転んでしまうのでは」と怖がる人も多いのですが、すぐ慣れますから、早い段階でビンディングペダルを導入することをお勧めします。

ビンディングシューズには「ペダルに装着するための『クリート』が付いているため歩きにくい」というデメリットもあるのですが、これは歩くことを想定してクリートが飛び出さない作りになっているシマノの「SPD」ペダル・シューズを使うか、あるいは水遊びで使われるマリンシューズなどを持ち歩くことで解決できます。マリンシューズは小さく折りたためるので、私はロードバイクで旅行に行くときは、サドルバッグにマリンシューズを入れて出かけます。

ビンディングペダルを使うためには、併せて専用のビンディングシューズも買う必要があります。私はシューズについては、あえてハイエンドではないものをお勧めします。ハイエンドのシューズは力を逃さないよう非常に剛性が高くなってるため、足が痛くなったりしびれたりするリスクがあるからです。レース志向でないのならば、エントリーやミドルグレードの方が向いているでしょう。

ポイント

- ペダルとシューズを一体化するビンディングペダルには多くの利点がある
- ハイエンドのシューズは固いため、レース志向でないならエントリー〜ミドルグレードがお勧め

ビンディングペダル

専用のシューズの「クリート」と呼ばれる部分をはめることでシューズと一体化させるためのペダル。写真はシマノの「SPD-SL」

アドバイス

私はかなり固いシューズを使っていますが、インソールを柔らかいものに交換して痛みが出にくいようにしています。このように、インソールで調整することも可能です。

エマージェンシーカードを忘れずに

◎充電コードがあると便利

サイクリングに出かけるときの主な持ち物は、左ページの通りです。スマートフォン、万が一のトラブルに備える携帯工具とパンク修理キット、あとはカードが使えない場所も多いので現金少々……という感じです。参考にしてください。

ヒルクライムでは人里離れた山の中に行くことが多いので、住所や緊急連絡先が書かれたエマージェンシーカードもあった方がいいでしょう。あと、私は長距離を走るときは、スマホの充電ケーブルを持っていきます。私が使っているような大きいライトはバッテリーにもなるため、ケーブルがあればスマホの充電ができるためです。

サイクリング用ジャージの背中にはポケットがありますから、こういった小物を入れることができるのですが、私はできるだけ、ツールケースに入れて、飲みもののボトルを挿すボトルケージに収納しています。同じ重さの持ち物でも、身体が重くなると負担になるので、ツールケースに入れたほうがラクだからです。背中のポケットに入れるのは財布とスマホ、そして補給食くらいです。

長いサイクリングはかなりのカロリーを消費するので、走りながら食べる補給食は必須です。私は和菓子が好きなのでサイクリストの間では定番のミニ羊羹を持つことが多いですが、より長い距離を走る日はお菓子のラムネや「すあま」、チューブ練乳を背中に入れて行くこともあります。チューブ練乳は、一部のプロ選手も練習で愛用していたりする隠れ名アイテムなのです。

ポイント

- ◉ ヒルクライムではエマージェンシーカードや充電用アイテムも持つ
- ◉ 背中のポケットに物を入れすぎると疲れるのでツールケースを活用しよう

サイクリングでの持ち物

基本的な持ち物は変らないが、距離が長くなるほど補給食は増える

アドバイス

パンク修理用の予備のチューブですが、近年増えてきているポリウレタン製のものは、とても軽く、しかも小さく折りたためるのでお勧めできます。

女性サイクリストが山に行く理由

◎男性に参考になる情報も

ところで、私は女性ですが、女性である私が書く情報は、男性サイクリストにも有効なものがとても多いと思っています。

たくさんの（元）プロ選手やハイアマチュアの人々がロードバイクのトレーニング本を出しています。それらの本の内容は興味深いものが多いのですが、彼らの常人離れした身体を前提にしています。

でも、趣味でサイクリングを楽しむ男性の身体は、筋骨隆々のプロロードレーサーよりも、むしろ、乗り込んでいる女性サイクリストに近いのではないでしょうか。女性のほうが男性よりも筋肉量が少ない傾向があるからです。

ポジション一つとっても、体幹などの筋肉量にかなり左右されます。私もいろいろな本を読みましたが、たとえば男性プロ選手に多い、ハンドルを下げた「落差の大きい」ポジションは体幹への負担が大きいため、女性である私にはあまり向いていませんでした。

ということは、一般の男性にも同じことが言えるかもしれません。だから、私が次のパートから紹介するポジショニングやフォームは、男性にも役立つヒントが隠れているかもしれません。

ちなみに、私をはじめとする女性サイクリストは男性以上に山を好む気がするのですが、それも、絶対的なパワーが重要な平地では筋肉量が多い男性が有利なのに対して、ヒルクライムでは体格差のある相手でも対等に競い合いやすいからです。これは男女を問わず言えることです。

ポイント

- **一般男性にとってはプロ男性選手のフォームやポジションは向かない可能性も**
- **体重が軽いならパワーウェイトレシオが重要になるヒルクライム向きの傾向がある**

軽くても戦えるヒルクライム

重力と戦うヒルクライムでは、絶対的なパワーよりも体重あたりのパワーが重要になる

アドバイス

筋肉量が少ない人が無理にプロのフォームを真似ても、すぐに疲れてしまい身体のパフォーマンスを発揮できません。自分に合ったスタイルを見つけることが大事です。

輪行をしてみよう

◎輪行は慣れれば簡単

パートの締めくくりに、一気に行動範囲を広げてくれる輪行の方法をお伝えします。

輪行は慣れるととても簡単です。一言で書くと、ロードバイクをひっくり返し、前後輪を外してフレームにベルトで固定し、専用の「輪行袋」に入れるだけです。

細かいポイントやコツはありますが、主な作業はこれだけ。慣れれば10分や15分で終えられるでしょう。

輪行袋には、サドルとリアディレーラー部分を接地させて、つまりロードバイクを立てるように収納する「縦型」と、サドルとハンドルを接地させる「横型」とがあります。縦型はコンパクトになるのですが、リアディレーラーを地面に当たらないよう保護する「エンド金具」が必要になったりと煩雑なので、ここでは横型の輪行のし方をお伝えします。

なお、次ページからの解説ではリムブレーキのロードバイクを使っていますが、ディスクブレーキのバイクでも基本的な手順は同じです。違いは、ホイールを外す際に六角レンチを使うことと、外した後にブレーキパッドにスペーサーを挟む必要があることくらいです。

輪行袋にはメーカーによって小さめのものと、少し大きめで余裕があるものとがあります。最初は大きめの方が簡単かもしれませんね。

なお、駅で袋詰めをするときは、他の利用者の邪魔にならない場所で作業するように心がけてください。電車内で他の方に配慮するのは言うまでもありません。

ポイント

- ◉ 輪行は、ロードバイクをひっくり返して前後輪を外し、フレームに固定して専用の袋に入れるだけで、簡単に行える。
- ◉ 輪行袋には「縦型」と「横型」があるが、横型が手軽で初心者向き。駅での作業や電車内では他の利用者に配慮することが重要。

バイクをさかさまにする

①バイクをさかさまにする

平らな地面を探し、バイクを上下ひっくり返す。後ろのギアは一番重い状態にしておく。

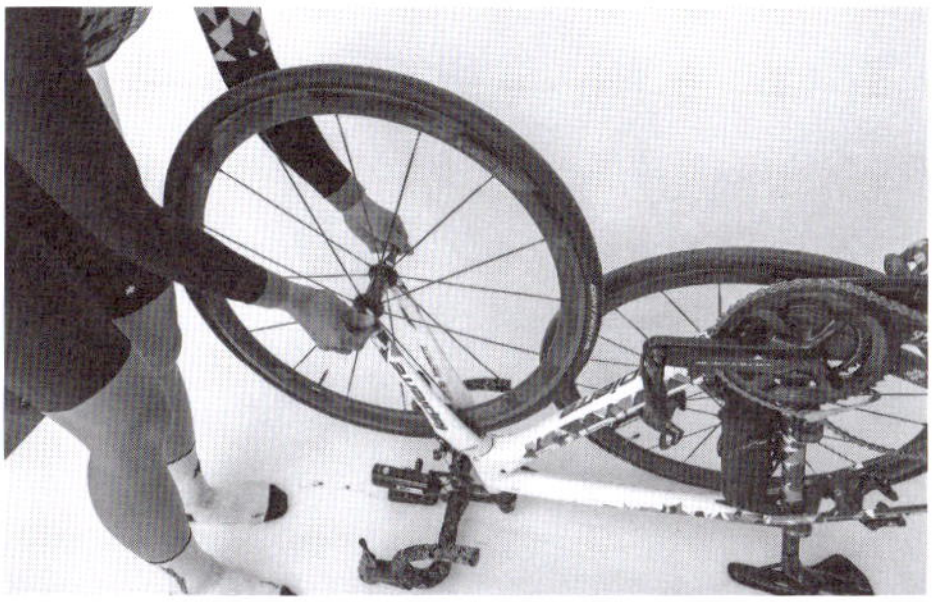

②クイックレバーを起こし、反時計回りに回す

リムブレーキのバイクのフロントホイールは、クイックレバーを起こして反時計回りに数回回すとホイールが外れる。

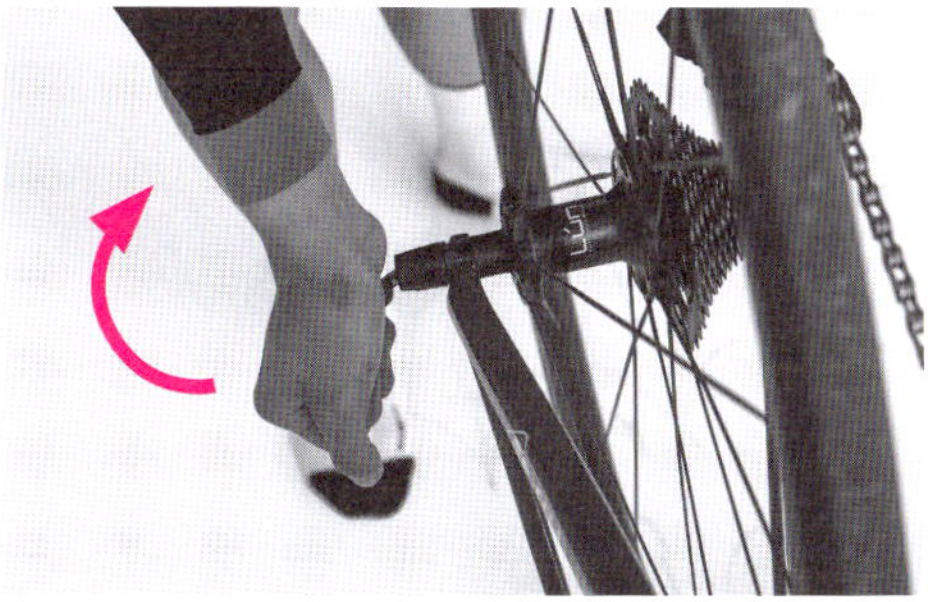

③リアホイールを外す

リアホイールは、クイックレバーを起こすだけで外れる状態になるが、チェーンがスプロケットに引っかかっている。

④リアディレーラーを後ろ側に引っぱる

リアディレーラーを写真のように手で持ち、バイクの後ろに向けて引っ張りながらホイールを外す。

ディスクブレーキバイクのホイールの外し方

①六角レンチで ホイールを外す

アクスル(軸)の穴に六角レンチを入れ、反時計方向に回す。レンチ不要で外せるレバーが着いているモデルもある。リアホイールもリムブレーキモデルの③同様に外す。

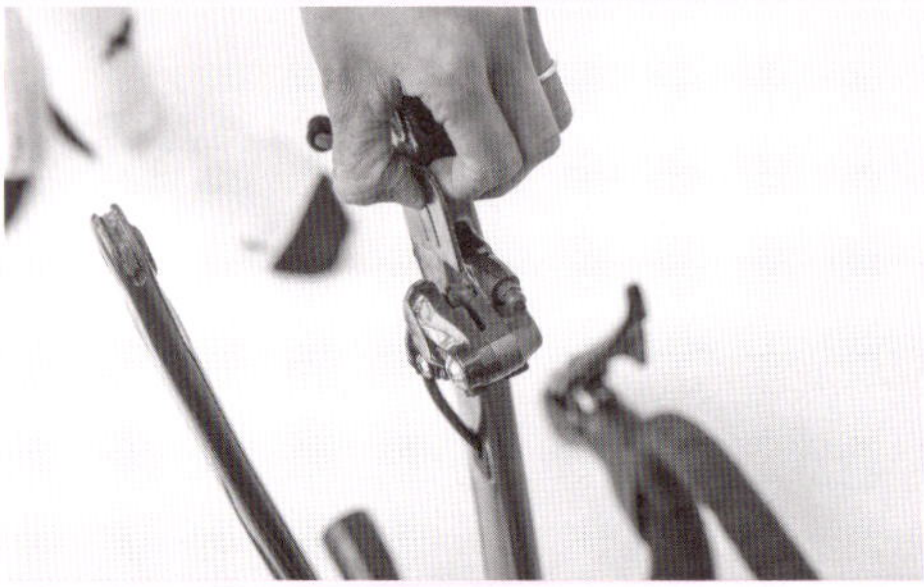

②パッドスペーサーを用意

油圧ディスクブレーキの場合、ホイールを外した状態でブレーキレバーを握るとブレーキのピストンが押し出されたまま戻らなくなってしまう。それを防ぐためパッドスペーサーを用意。

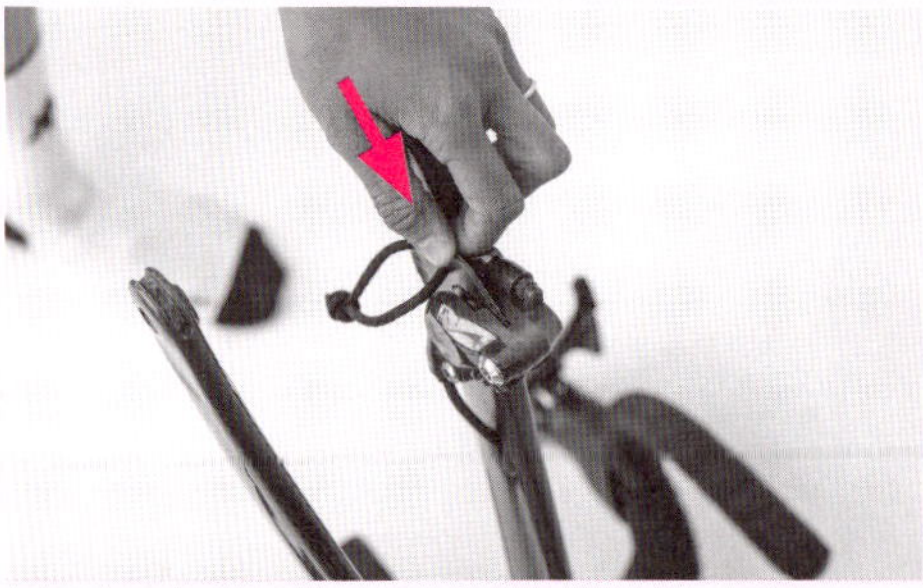

③パッドスペーサーを 入れていく

ブレーキパッドの隙間にパッドスペーサーを入れていく。

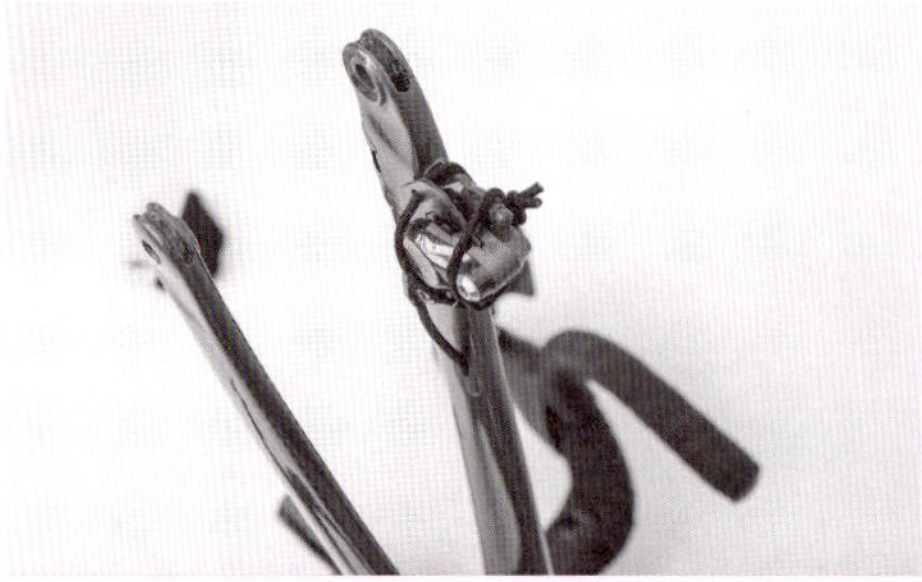

④パッドスペーサーを固定

輪行中にパッドスペーサーが外れないよう、紐等でブレーキ本体に固定する。

ホイールをフレームに添える

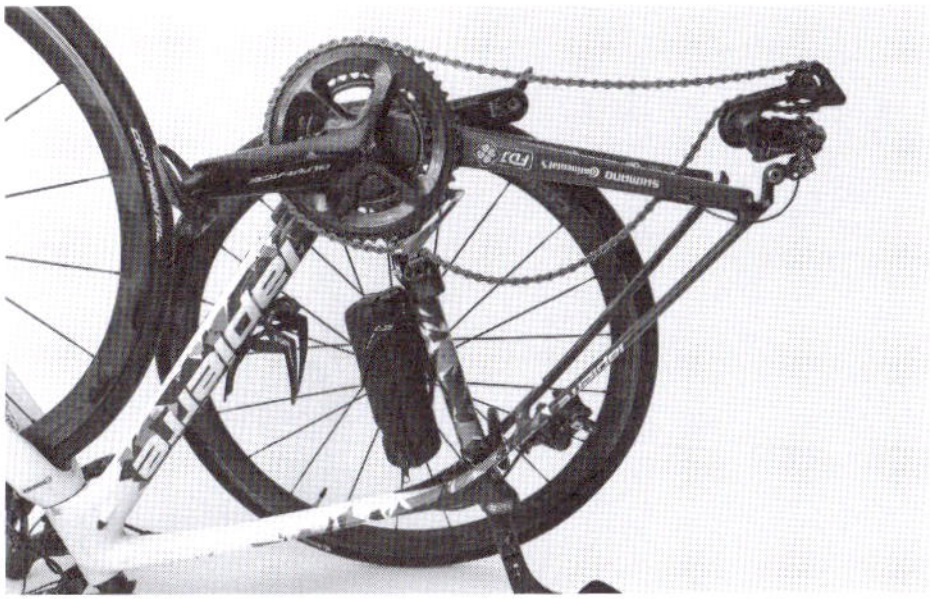

⑤外したホイールを フレームに添える

外したホイール（前後どちらでも可）を写真のようにホイールに添える。

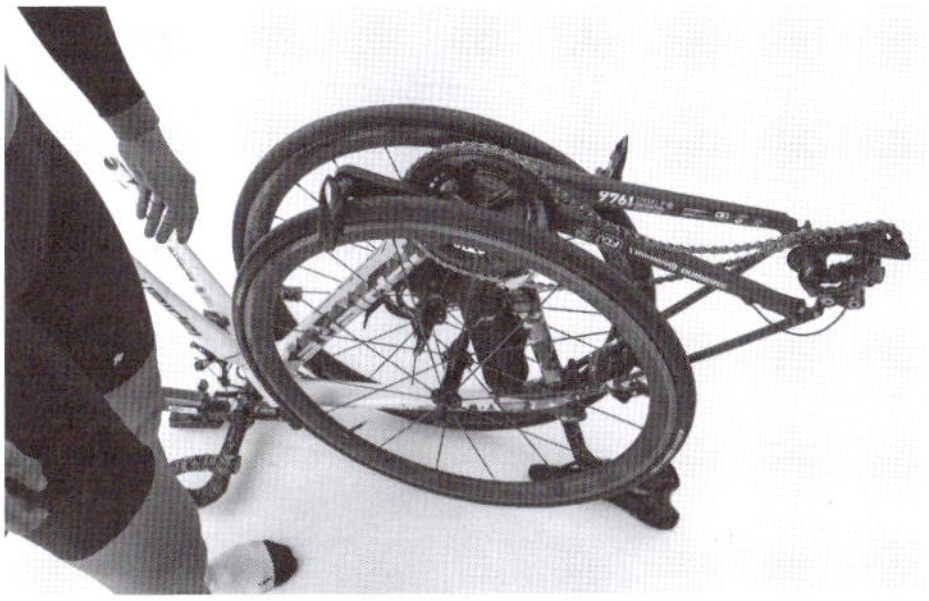

⑥もう一つのホイールで フレームを挟む

⑤のフレームを挟んだ反対側に、もう一つのホイールを添える。リアホイールのスプロケットは内側を向くようにする。

⑦ペダルを避ける

クランクとホイールの位置関係。ペダルがホイールの外側に来るようにする。

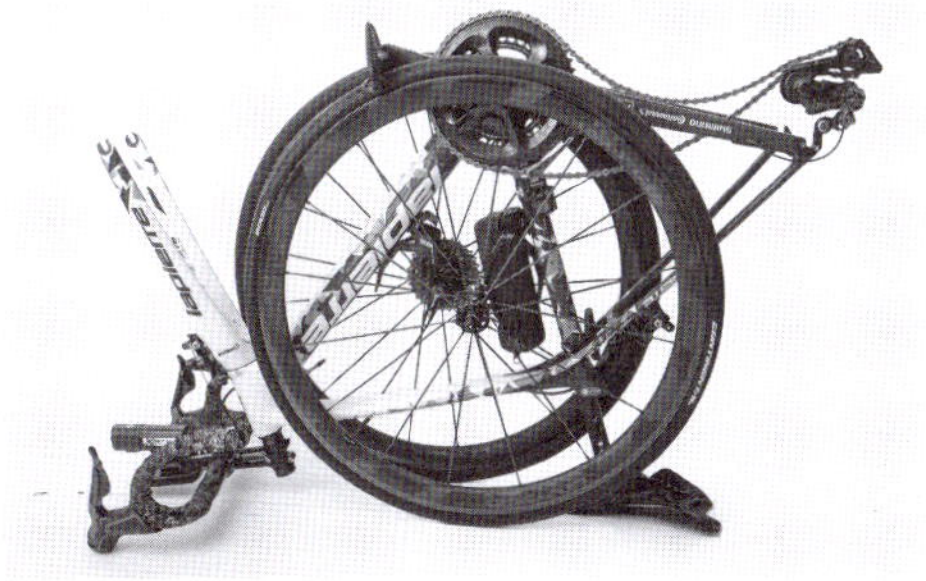

⑧前後のホイールで フレームを挟む

前後のホイールがぴったりとフレームを挟み込んだ状態。ここからベルトでホイールを固定していく。

ホイールをフレームに固定する

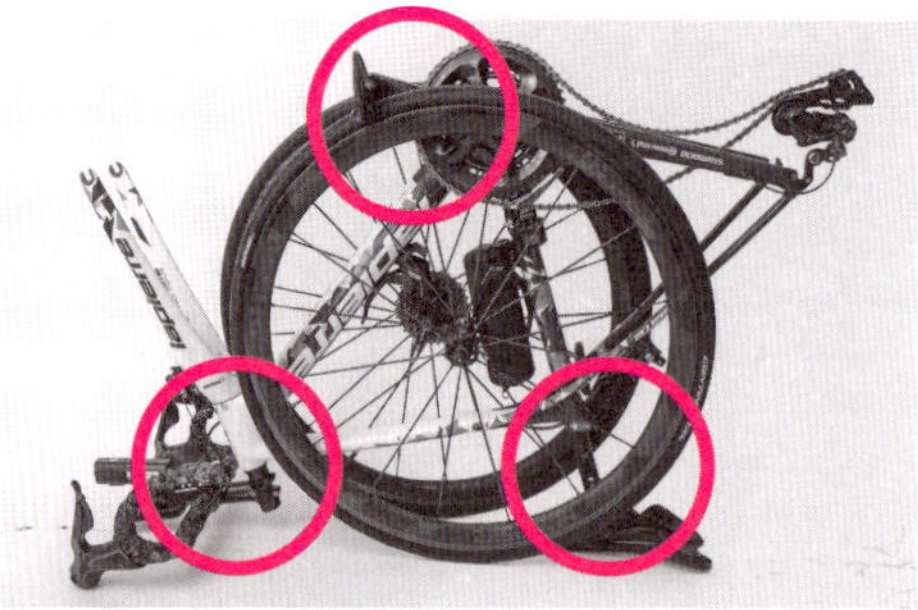

⑨○の三か所で固定する

通常、三本のベルトを使い、○の三か所でホイールをフレームに固定することが多い。

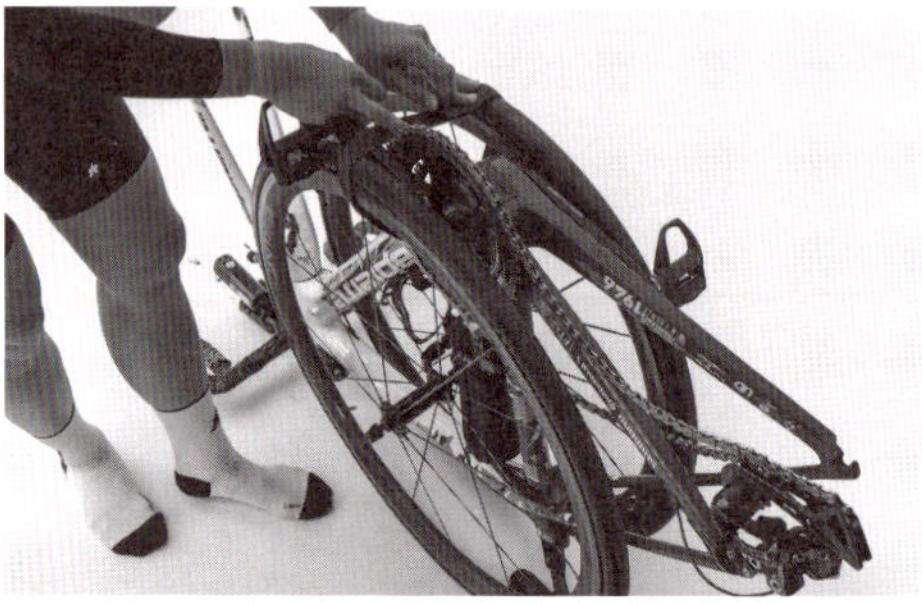

⑩ダウンチューブに固定する

ダウンチューブ部分に固定していく。2本のホイールだけでなくダウンチューブごとベルトで巻いている点に注意。

⑪ヘッドチューブに固定する

ヘッドチューブ部分に固定していく。ベルトが長すぎて余る場合は、写真のように部分的に二重に巻いて調整する。

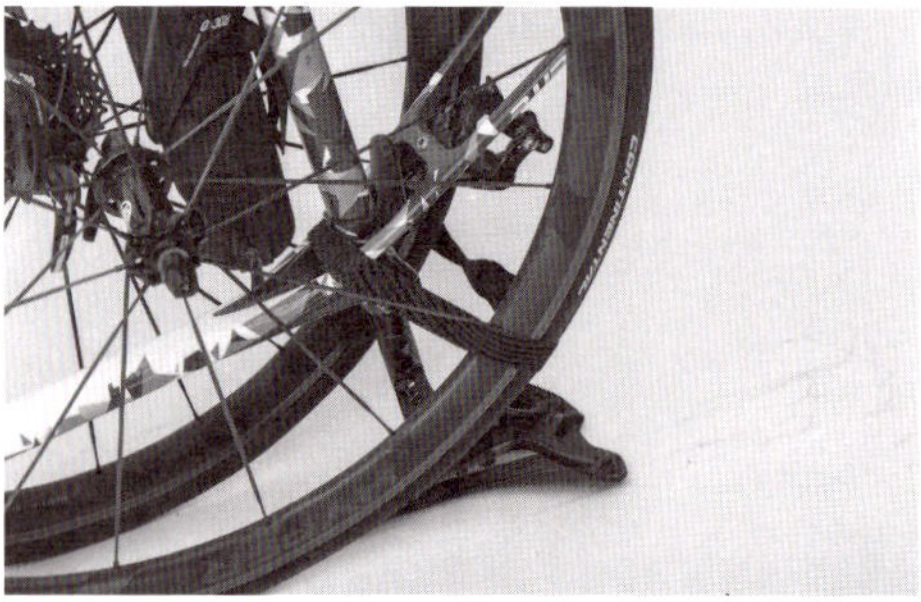

⑫シートチューブに固定する

シートチューブとトップチューブの接点に固定する。

輪行袋に収めていく

⑬小物は隙間に詰め込む

前後のホイールが三か所でフレームに固定された状態。持ちあげてもびくともしない。

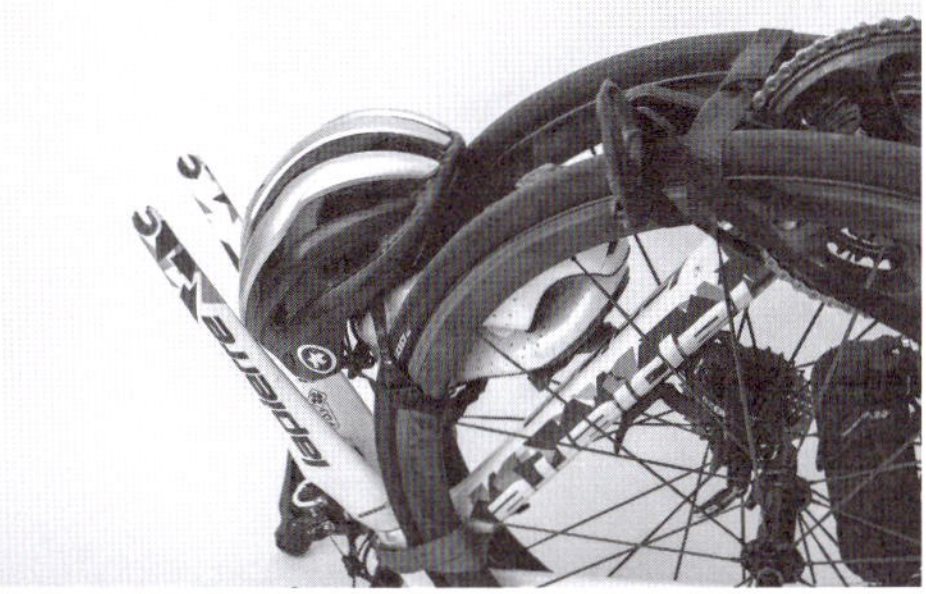

⑭小物は隙間に詰め込む

ヘルメット、シューズはこのように左右のホイールの隙間に入れるとコンパクトだ。

⑮ショルダーベルトを装着

ショルダーベルトの長さや装着方法はさまざまだが、写真のようにペダルを回り込む形にすると安定する。

⑰完成!

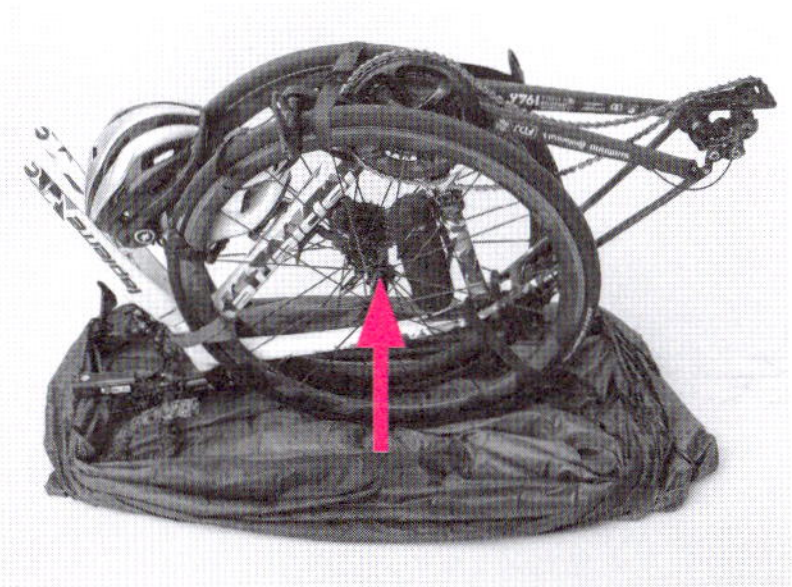

⑯輪行袋に収める

地面に置いた輪行袋の上にバイクを置き、包み込む。小さめの輪行袋は生地を張るなど工夫がいることも。

篠の

コラム

日本縦断ギネス世界記録挑戦レポート①

準備は走るより大変？

鹿児島県の佐多岬から北海道の宗谷岬まではおよそ2600キロ。私はその女子カテゴリーに挑戦したのですが、正式にギネス記録に挑むにはかなりの準備が必要です。煩雑な書類手続きはもちろん、サポートカーを運転したり認定を行ったりするサポートメンバーを集めるのも大変です。たとえば、サポートメンバーは全員、有料の登録が必要ですし、認定員は試験に合格して資格を取らないといけません。

さらには、走り方についてもとてもここには書ききれないような細かい規定があります。後から振り返ると、準備の方が走るよりも大変だったかもしれません。

ただし、その代わりというわけではありませんが、機材についてはほぼいつも通りで臨みました。特別なチャレンジだからといって特別なことをすると、リスクが大きいと考えたからです。なにせ2600キロという超・長距離ですから、ちょっとした負担の蓄積が大きなダメージにつながりかねません。

細かい調整はしましたが、私は普段とほとんど変わらないロードバイク2台で日本縦断に挑むことにしました。ずっと乗ってきたリムブレーキモデルで、本書のロケでも使用した「ラピエール XELIUS SL ULTIMATE」と、ディスクブレーキモデルの「オルベア ORCA OMX」です。後者にはDHバーをつけてみました。ポジションや乗り味が違う2台で挑んだのは、気分転換という観点でもよかったかもしれません。

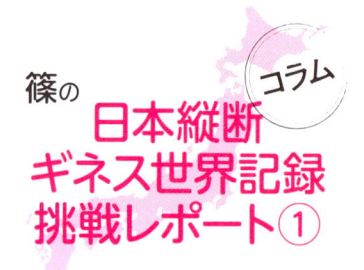

Part2

はじめてのロングライド

本当の「いいポジション」とは?

◎大きすぎる落差は×

パート2では、安全かつ快適に走るためのフォームやポジションの基本について解説します。

ロードバイクでのフォームやポジションでもっとも話題に上るのが、いわゆる「落差」です。**ロードバイクでは多くの場合、ハンドルの高さはサドルの高さよりも低くなりますが、その高低差が落差と呼ばれます。**サドルの高さは脚の長さによってほぼ自動的に決まるため、落差を出すためにはハンドルを下げる必要があります。

一般に、プロ選手やハイアマチュアの人ほど、空気抵抗を減らすために深い前傾フォームで走っています。中には、頭がお尻よりもずっと低い位置に来るようなフォームの選手もいます。

そのような深い前傾フォームをとるためにはハンドル—サドル間の落差は大きい方がいいでしょう。そのせいもあって「落差は大きいほどいい/速い」というイメージがつき、さらには「落差が大きいほど格好いい」という価値観も生まれました。また、ハンドルとフレームとをつなぐステムを長いものに交換すると、ハンドルの高さは変らなくても上体が前に向かって倒れます。するとやはり前傾姿勢が深くなります。

このような「落差が大きく、ハンドルが遠い」ポジションこそが正解で、そうではないポジションは素人っぽいとされてきました。

しかし私は、それは少し違うのではないかと思うのです。

ポイント

- ◉ 落差とはハンドル—サドル間の高低差のことを指す
- ◉ 落差が大きく、ハンドルが遠いポジションが理想とされてきた。しかし……

ハンドルとサドルとの間の「落差」

プロ選手のような深い前傾姿勢をとるために、ハンドルがサドルよりも著しく低いポジションのほうが良いとされてきた

アドバイス

今は、各自に合うポジションを提案してくれるバイクフィッティングサービスが増えました。初心者はそういったものを利用するのが効率的です。ただ、ポジションは乗り込んでいくうちに筋力や柔軟性に応じて変わっていくものでもあります。

落差のメリットとデメリット

◎落差は小さめでOK

先に結論を記しておくと、一般サイクリスト、とくに女性はあまり落差を大きくしすぎないほうがいい場合が多いと思っています。プロ選手ほど筋肉量がない男性サイクリストも同じです。プロ選手やハイアマチュアの人は多くが限界までハンドルを下げていますが、私の場合、そこには2㎝ほどの余裕が残っています。

改めて落差のメリット・デメリットについてまとめてみましょう。私が考える落差の最大のメリットは、ペダルに体重が乗せやすくなることです。上体が前に倒れるほど強い力でペダルが踏めるため、パワーが出るのです。

最大のメリットは空力では？　と感じた方も多いと思うのですが、個人的にはあまり感じません。空気抵抗を考える上で一番重要なのは上半身ではなく頭の角度だからです。いくら上半身が寝ていても、頭が起きて風を受けていたら意味はありません。

逆に、落差のデメリットはいくつも挙げられます。

まず、上体が窮屈になるため基本的にコントロール性は低下します。落差の大きいポジションで深い前傾フォームをとるためには体幹や腕の筋肉に負担がかかりますから、筋肉量が多くない方が無理をして前傾姿勢をとるとハンドルに体重が乗ってしまい、危険でもあります。

また、当然ですが呼吸もしづらくなります。とくにヒルクライムでは上体が起きていたほうが楽でしょう。

ポイント

- ◉ 大きな落差にはメリットもあるが、デメリットも多い
- ◉ 筋肉量が多くないサイクリストが大きな落差をつけると操作性が落ちる

落差のメリット・デメリット

メリット

- ○ペダルに体重が乗せやすくなる
  ➡パワーを出しやすい
- ○空力がやや良くなる
  ➡上体が倒れるため。
  ただし一番重要なのは頭の位置・角度
- ○格好いい？

デメリット

- ○コントロール性が落ちる
- ○腕や体幹に負担がかかる
- ○ハンドルに体重が乗りがち
  ➡下りなどで落車のリスクが増す
- ○呼吸がしづらくなる
  ➡とくにヒルクライムで顕著

落差にはメリットもあればデメリットもある。自分の身体やパフォーマンスと相談して適切なポジションを決めよう

アドバイス

ここで紹介している内容はあくまで基本的なことで、個人差やコンディションによる差も忘れないでください。私も、乗り込んでいる時期とそうでない時期でポジションを変えることがあります。

サドル位置の基本

◎数値だけにとらわれない

いきなりハンドル―サドル間の落差の話から入りましたが、最初に決めなければいけないのはハンドルではなくサドルの高さと前後位置です。

サドル高の基本は、よく言われるように「サドルにまたがったときにつま先がぎりぎり地面に着く」「ペダルが一番遠い位置に来たときにひざが少し曲がる」くらいです。しかしそれはおおざっぱな話で、本当に自分に合ったポジションを見つけるためには、数ミリ単位での微調整が必要です。

サドル位置は、少し変わるだけでもペダリングに大きな影響を与えるため、多くのサイクリストたちが注目してきました。股下の長さを測り、それに対して0.87とか0.86といった係数をかけると適切なサドル高が計算できる……といった理論もありました。

しかし、私はサドル高だけを単体で語ることはあまり意味がないと考えています。計測上は同じサドル高であっても、サドルの形やパッドの柔らかさ、専用パンツのパッドの厚み、シューズやペダルによって意味は変わってくるからです。

さらには、後で詳しく触れますが、サドルの前後位置や座る場所、骨盤の角度などなど、無数にファクターがあります。

ここではまず、左ページの写真の通り、サドル位置の基本的な意味をお伝えしておきます。これらはあくまで基本的な傾向ですが、サドルの種類や体型を問わず、大半の人に当てはまります。

ポイント

- ◉ サドル高はさまざまな要素に影響されるため、数値だけでは語りづらい
- ◉ サドル位置が走りに与える基本的な影響は写真の通り

サドル位置による変化

上 短時間のパワーが出しやすくなるが、長距離には向かない。股間が痛くなる場合も。
後 意識しづらい腿の裏側の筋肉が使いやすいためロングライドには向く。最大パワーは落ちることも。
前 短時間のパワーが出しやすくなるが、ハンドルに荷重がかかりコントロール性が落ちるリスクも。
下 脚が回しやすくロングライド向き。短時間のパワーは出にくくなることも。
FDJ

「高くするとパワーが出しやすい」などの傾向はあるが、それぞれ必ずデメリットもある

アドバイス

サドルはまずは基本的な位置に合わせ、あとは感覚で微調整するのがいいでしょう。あまり細かな数字にこだわっても意味はありません。

サドルを身体にフィットさせる

◎高いとパワーは出るが……

私は、一時期はサドルをかなり高めにセッティングしていました。そのほうが上りでパワーが出るからです。

しかし現在はサドルを少し下げています。具体的にはサドル高は655ミリなのですが、前項で書いたように細かい数字に意味はありません。「普通の高さ」だと思ってください。

この高さに落ち着いたのは、上りだけではなく下りも平地もオールラウンドに楽しむためです。サドルが高いと確かにペダルを踏むトルクは出しやすいのですが、ペダルが身体からもっとも遠くなる「下死点」で脚が伸び切ってしまい、そこで一瞬「詰まる」のです。ペダルを踏む動作から引き上げる動作への移行がスムーズでなくなり、結果的に滑らかなペダリングが難しくなってしまいます。

サドルは高さと並んで前後位置も重要です。前後位置を決めるときには脚の長さだけではなく、ひざ上・ひざ下の比率を意識してください。たとえば私の脚は大腿骨が長めで、相対的にひざ下は短いので、それだけひざの位置が前方になります。したがって、サドルはその分後ろに引いています。

サドル位置を前にする、いわゆる「前乗り」の方がパワーは出しやすい傾向があります。しかし、サドルを高くした場合と同じように、前乗りほどペダリングは詰まりやすくなるため、前に出しすぎるのも考えものです。そのあたりはご自身のペダリングスキルとも相談してください。

ポイント

- サドルを高く・前にするとパワーは出しやすいがペダリングが滑らかではなくなるリスク
- 脚の長さだけではなくひざ上・ひざ下の比率も重要

ペダル位置の基本

サドルの基本的な前後位置は、クランクを水平にしたときのペダルの前後位置がひざの骨の真下に来る場所。ただし脚の長さが同じでもひざ上とひざ下の比率によってひざの位置が変わり、適切なサドルの前後位置は変化する

アドバイス

ディスクブレーキのロードバイクはリムロードバイクよりも前乗りを前提とした設計になっている場合が多く、同じ体型でも適切なサドル位置は前になるように感じます。

ひじの角度は120度まで

◎数値だけにとらわれない

サドルの位置が決まったら、改めてハンドルの位置を決めてみましょう。

P48に記しましたが、ハンドル―サドル間の落差には、大きくても小さくても、それぞれメリットとデメリットがありました。落差が大きいとパワーは出しやすくなりますが、呼吸は苦しくなり、体幹や肩・腕の筋肉には負担がかかります。さらにハンドルに体重がかかりやすいため、コントロール性が低下します。特に下りです。そして空力は必ずしも良くはなりません。

つまりトレードオフなのですが、意外と落差が大きいことのデメリットは少なくないということです。それでも落差をつけたがるサイクリストが多いのは、実は性能面よりも、「格好いい」という見た目を重視する方が多いからかもしれません。

もちろんそれも大切なことなのですが、快適さや安全性を犠牲にするほど価値があるかは疑問です。

落差について私が提案したい一つの基準は、ブラケットを持った状態で思い切り上体を倒してエアロポジションをとったときのひじの角度がおおよそ120度前後になることです。もしかなり鋭角になるようならばハンドルは少し高めかもしれませんし、鈍角すぎるならばその逆が言えます。

リムブレーキからディスクブレーキへと機材が移り変わるにつれ、ポジションやフォームの基準も変わっています。同じように「格好良さ」の価値観も変わっていいのではないでしょうか。

ポイント

- ◉ エアロポジションでのひじの角度が120度を超えるかどうかが目安
- ◉ 機材の変化にともない、ポジションやフォームの常識も変わってきている

ひじの角度に注目

ブラケットを持ち、一番深い前傾姿勢をとったときのひじの角度を横からチェック。120度が一つの目安になる

アドバイス

どの程度の落差が適切かは、走り方や体型、身体の柔軟性によっても変わります。数値にとらわれず、実際に走ってみて調整しましょう。

ハンドル幅は肩幅が適切な理由

◎狭すぎも広すぎもNG

ハンドル選びも重要なポイントですが、機材の進歩にともなって「常識」が変わりつつあります。具体的には、空気抵抗を減らすために幅の狭いハンドルを使うサイクリストが増えているのです。

これもプロ選手の影響だと思いますが、具体的には、男性でも幅が400ミリを切る非常に狭いハンドルを使う人が増えています。さらには、ブラケットを内側に曲げ、握ったときに左右の手の距離がさらに近づくようにする人も多いようです。

たしかに、ハンドルの幅が狭いと空力は良くなります。しかし、あまり幅が狭すぎるハンドルを使ったり、ブラケットを内側に曲げすぎるのは考え物です。ハンドル幅が狭すぎると、左右の手の距離も近づきコントロール性が悪化するからです。さらにはバイクを振りにくくなるため、ダンシングもしづらくなってしまいます。一方で、幅が広すぎるハンドルにも弱点はあります。空力が少し悪化するのもデメリットなのですが、それ以上に、脇が開くとお腹に力が入れにくくなり、ペダリングに力が入らなくなるのです。

私は普段は360ミリ幅（C—C）のハンドルを使っているのですが、一度試しに400ミリ幅にしてみたところ、まったく走れませんでした。普段は体幹の筋肉も使って走っているのですが、脇が開くと脚の筋肉しか使えなくなるのです。

体幹についてはこの後詳しく解説しますが、ハンドル幅は、狭くても肩幅くらいを目安にするといいでしょう。

ポイント

- ハンドルは幅が狭いものが増えているが、細すぎはNG
- ハンドル幅が広すぎると脇が締まらなくなって体幹の筋肉が使えなくなり、ペダリングのパワーが落ちる

基本は肩幅サイズ

肩幅と同じ幅のハンドルにブラケットをまっすぐつける。脇はほぼ締まるがコントロール性は維持できる

アドバイス

バイクコントロールのスキルが高い人が、空気抵抗を減らすために幅が狭いハンドルを選ぶのはアリだと思います。でも、ハンドルが肩幅より狭くなると、下りを楽しむのは難しくなります。

腕の付け根の「前鋸筋《ぜんきょきん》」に注目

◎ペダリングは全身運動

ハンドルの話の続きです。

脇が開くことと脚の運動であるペダリングとの間になんの関係が？　と思った方も多そうですが、実はペダリングは全身運動です。

いえ、脚の力だけでペダリングすることも可能かもしれませんが、できるだけ多くの筋肉を使った方が個々の筋肉への負担を減らせるわけですから、お得ですよね。

ざっくりいうと、脚をしっかり回すためにはお腹の筋肉も使えたほうがいいですし、お腹の筋肉を使うためには胸の筋肉がしっかりしていたほうがいいでしょう。

その意味では、ペダリングには全身の筋肉が関係してくるのです。幅が広すぎるハンドルをお勧めできないのも、脇が開くと胸の筋肉が脱力し、体幹も脱力してしまうからです。

具体的には、腕の付け根にある「前鋸筋」に注目してください。前鋸筋は肋骨と肩甲骨を結ぶ筋肉で、胸の両サイドに位置しています。

肩幅くらいのハンドルでしっかりと脇を締めてエアロポジションをとると、この前鋸筋がジャージの上から見てもわかるくらい浮き上がります。しかし脇が締まらないくらいのハンドル幅だと前鋸筋は出てきません。

前鋸筋はあくまで一例で、重要な筋肉は他にもあるのですが、体幹の筋肉の重要性を理解するにはもってこいです。体幹や上半身がしっかりしていることは、効率的なペダリングの必須条件なのです。

ポイント

- ◉ ペダリングは下半身だけではなく全身の運動。上半身の筋肉も関わってくる
- ◉ 腕の付け根にある前鋸筋もその一つ。体幹の安定に寄与する筋肉だ

前鋸筋

前鋸筋に力が入ると体幹を安定させることができる。そのときには前鋸筋がジャージの上からわかるくらい盛り上がる

アドバイス

たしかに体幹を安定させることは重要ですが、そのために力んでしまうと本末転倒です。それは、無駄な力を使っていることになるからです。そこで重要になる脱力のしかたについては次の項目で解説します。

フォームの最大のポイントは「脱力」

◎脱力が最大のポイント

さて、ここまでポジションの基本について解説してきました。ハンドルとサドルの位置がある程度固まったら、次はそのバイクにどのように乗るか、つまり「フォーム」について考えましょう。

自転車に習熟した人、たとえばプロ選手と、特にトレーニングをしていない人との最大の差はなんでしょうか？　私はそれは「脱力できているかどうか」だと思います。プロ選手やハイアマチュアの走りを間近で見ると、驚くほど脱力しています。プロと言っても走りかたや体型はいろいろですが、脱力しているのは皆に共通して言えることです。

逆に、街でシティバイク（ママチャリ）に乗っている人やロードバイク初心者を見ると、ハンドルをがっちり握り、ガシガシと筋肉でペダルを踏んでいます。これもやはり皆に共通しています。

このように、「脱力」はフォームについてのキーワードです。比喩的に書くと、アマチュアは筋力で強引にロードバイクを進めるのに対し、プロは心肺能力を使って自然に走るイメージです。

脱力できているか、チェックするのは簡単です。ロードバイクに乗っているときに、「力を抜いてください」と言われたとして、力を抜く余地が残っていれば、それはつまり脱力不足、力みすぎです。

私の経験上、ほぼ100％のサイクリストの方は「力を抜いてください」と言われたときに、力を抜くことができます。つまり力んでいます。さて、みなさんはいかがですか？

ポイント

- サイクリストの熟練度合いは「脱力できているか」で測れる
- 「力を抜いて」と言われて抜くことができたら、力みすぎ

力んだフォームとは……

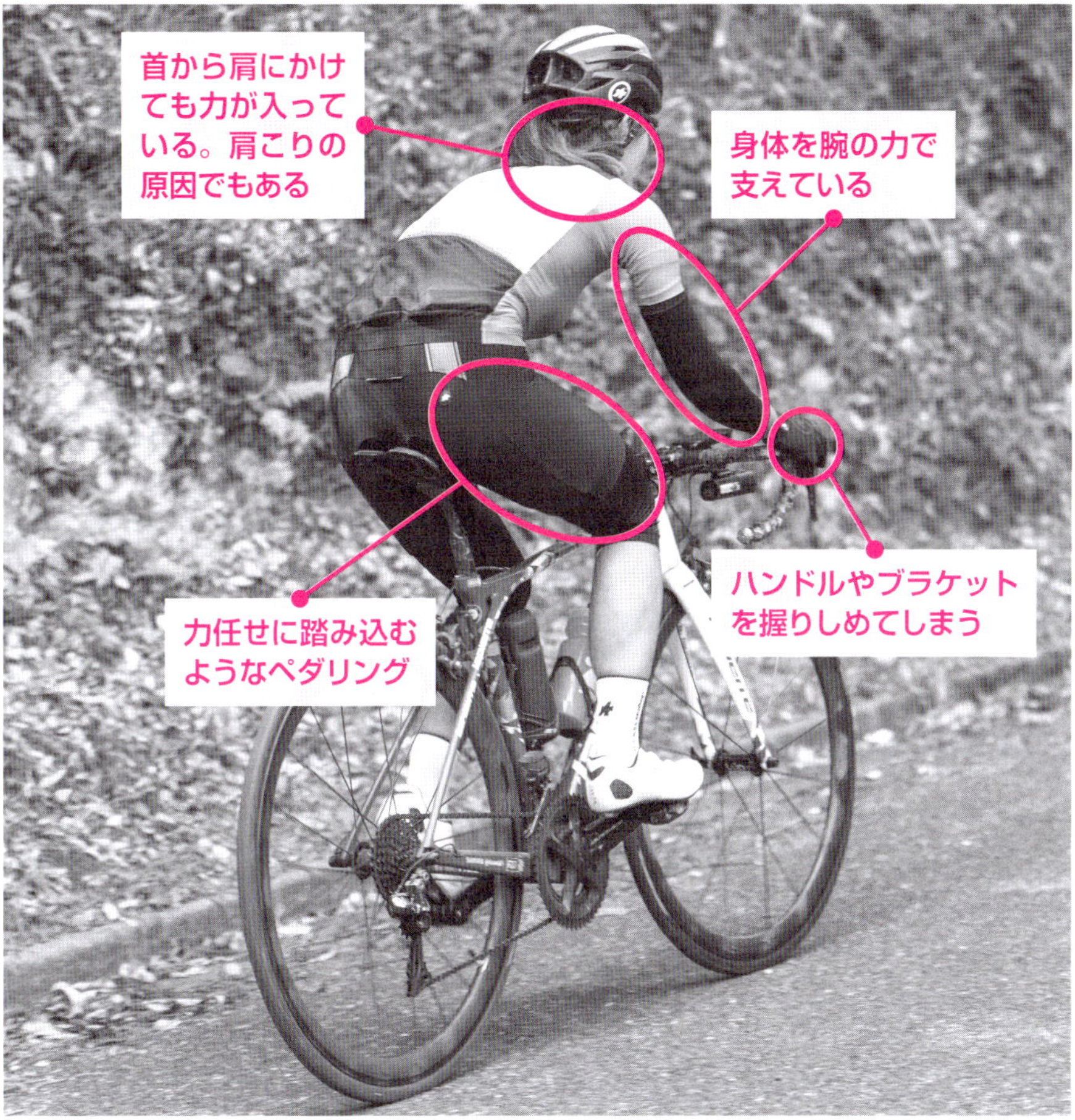
首から肩にかけても力が入っている。肩こりの原因でもある
身体を腕の力で支えている
ハンドルやブラケットを握りしめてしまう
力任せに踏み込むようなペダリング

アマチュアほど腕や首、脚などが力みがち。無駄な力を使っているばかりか、スムーズな動きを妨げてしまう

アドバイス

力んでしまうことをどう回避するかが、フォームに関してステップアップするためのポイントです。一方で、身体が弛緩してしまうのもNG。そのバランスのとり方が重要なのですが、それについても解説します。

ペダリングは「踏む」より「回す」

◎筋肉ではなく心肺で進む

「脱力」というキーワードは、ロードバイクを進める上でもっとも大切なペダリングにも直接かかわります。

アマチュアの方の多くは、がしがしとペダルを上から下に「踏んで」います。しかしプロはペダルをスムーズに「回して」います。たしかにペダルを力任せに踏んでもロードバイクは前に進むのですが、あっという間に疲れ果ててしまいますし、動きに無駄が多いため非効率的です。

具体的に書くと、踏むペダリングとは腿の筋肉、特に腿の前側にある「大腿四頭筋」に頼ったペダリングです。大腿四頭筋はパワーを出しやすく使いやすい筋肉なので、ついここばかりを使ってしまいますが、特定の筋肉に頼ると、それだけ疲労しやすくなります。

一方の回すペダリングとは、大腿四頭筋だけではなく、腿の裏側にあるハムストリングやお尻の殿筋はもちろん、体幹の筋肉までをも総動員したペダリングです。全身の筋肉を滑らかに連動させるスキルが必要ですが、たくさんの筋肉の力を借りられるぶん、大腿四頭筋に依存する踏むペダリングよりも圧倒的に楽です。

ただし、こう書く私もかつては踏むペダリングしかできませんでしたし、今も何百キロも走ってへとへとになってくると、つい踏むペダリングをしてしまいがちです。このように回すペダリングを習得するのは簡単ではないのですが、それだけ効果も大きいと言えるでしょう。

ポイント

- ◎ アマチュアの多くはがしがしと「踏む」ペダリングになってしまっている
- ◎ スムーズに「回す」ペダリングが理想

速くなるとロードバイクをもっと楽しめる

腿の前面にある大腿四頭筋に頼ると踏みつけるようなペダリングになってしまうが、疲れやすい。多くの筋肉を動員した「回す」ペダリングが理想だ

アドバイス

無理にロードバイクを進めようとすると、自然と踏むペダリングになってしまいます。その無理を排除するフォームを身につけることが、よいペダリングへの王道です。

回すペダリングは全身運動

◎全身の筋肉を使う

回すペダリングがいいと言われても……という方も多そうです。たしかに「踏むのではなく回せ」という人は多いですが、具体的にどうすればいいの？

その通りで、ペダリングは「言うは易く行なうは難し」の世界です。回せと言われてその日から回せたら苦労はしません。

私のイメージでは、踏むペダリングが大腿四頭筋に頼って「脚だけで」ロードバイクを進めるのに対し、回すペダリングでは全身がスムーズに連動しています。

この後、全身のフォームの解説をしていますが、それは回すペダリングを身につけるためでもあります。ペダリングの話をするのに全身の解説をするのは遠回りのようですが、実は最短ルートなのです。

◎運動音痴だからこそ

ところで、実は私は運動音痴です。自分で言うのもなんですが、身体をスムーズに動かす天性のセンスがありません。だから、プロ選手のように自然と綺麗なペダリングを身につけることはできませんでした。

でも、その代わりと言ってはなんですが、身体の使い方について頭で考えて言葉にする習慣が身に着きました。ですから、みなさんにノウハウを提供しやすい立場にあると自負しています。

生まれ持っての天才レーサーなら、次のパートからの解説は不要でしょう。でも、もしそうでないなら、何かのヒントになるはずです。

ポイント

- スムーズなペダリングは全身運動、踏むペダリングは脚だけの運動
- 全身を連動させる感覚を身につけることが効率的なペダリング習得への道

全身でペダリングする

脚の筋肉だけではなくお尻の殿筋、体幹、さらには腕や首も無理なく連動させるフォームがスムーズなペダリングにつながる

アドバイス

運動のセンスに恵まれなかった私は、ずっと頭と言葉で考えながら試行錯誤を繰り返し、今の走りに行きつきました。その意味では、みなさんにとって参考にしやすいはずです。

篠の
コラム
日本縦断ギネス世界記録挑戦レポート②

脂質をエネルギーにするための体質改造

この本のパート6でも少し触れていますが、日本縦断ギネスチャレンジをするにあたっての大きな懸念が補給でした。1日400キロほど走る計画でしたが、その場合、1日の消費エネルギーが最大で7000キロカロリーにもなることが予想されました。普通、補給食といえば甘いものやご飯などの糖質ですが、これだけのカロリーを、重さあたりのカロリーがそれほど大きくない糖質でとり続けるのは無謀です。おにぎりに換算して考えると、1つのカロリーが200キロカロリー弱ですから、毎日40個近いおにぎりを食べ続けなければいけないことになります。フードファイターでなければ難しいでしょう。

そこで私は、糖質よりも重量あたりのカロリーが大きい脂質を活かすことを考えました。脂質をエネルギーにできるようになれば、胃腸への負担を減らして走ることができます。

困ったことに私は脂っこいものがあまり好きではなかったのですが、2カ月ほどの準備期間中に、あえてハンバーガーやフライドポテト、チョコレート、ナッツといった脂質たっぷりの食事をとり続けました。とくにチョコレートは、脂質が苦手な私としては比較的好みだったので、おやつはチョコレートばかりでしたね。

当時は疑心暗鬼でしたが、今になって振り返ると、この準備が非常に効果を発揮したように思います。

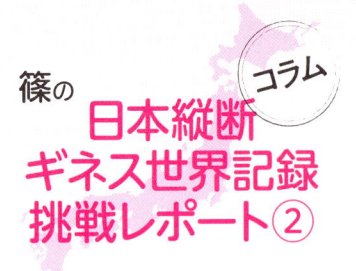

Part3

もっと速く、さらに遠くへ！

末端は脱力し、コアに集中する

◎コアに意識を集中する

このパートでは身体の色々な部位についてのイメージをお伝えしますが、各論に入る前にもっとも大事なことに触れておきます。

他のスポーツや武道などでも同じだと思いますが、身体を動かすときには手や足などの末端は脱力させ、身体の中心部をしっかり安定させるのが基本です。中心部とは体幹のことだととらえてもよいでしょう。

末端が力んでしまうと動きがスムーズではなくなります。できるだけ自由で自然に、力まずに動かせることが理想です。

一方の体幹ですが、こちらも力んではいけません。かといって脱力してゆるゆるになるのもNG。自由に動くべき末端を支えているのが体幹ですから、しっかりとしている必要があります。

この「力まないがしっかりしている」という状態はなんとも言語化が難しいのですが、私は「安定している」という日本語がもっとも近いかなと感じます。しっかり安定した体幹が支えとなり、手足(脚)が自由に動く状態が、よいフォームです。

ペダリングについては、私は機関車のイメージを持っています。機関車の車体はいわば体幹ですが、とてもしっかりしていますよね。その車体にとりつけられた車輪がロッドによって駆動されるのが機関車です。

さらに機関車の駆動は時間的にも安定していて、ひたすらに一定の運動を繰り返します。ペダリングも同じで、同じ動作を安定してずっと続けられる状態が、楽で速いフォームにつながります。

ポイント

◉ペダリングでは体幹を安定させながら手足は力まず自然に動かすことが理想のフォーム

◉ペダリングでは機関車のように安定した体幹を支えに、一定の動作を繰り返し続けるのが効率的で速いフォームにつながる

機関車のようにペダリングする

中心に安定した車体があり、そこを支えとして安定的に駆動する。ペダリングも同様で、体幹は機関車の車体のように安定していなければいけない

アドバイス

ペダリングでは「一定」がキーワードです。一定のスピード、一定のペースで、一定の運動を安定して続けることが、疲れにくくて速い走りにつながります。逆も然りです。

ペダルは大きな筋肉で回す

◎身体のイメージを変える

ロードバイクに乗るときのフォームでもっとも話題に上りやすいのは言うまでもなくペダリングです。より小さい負担で、より速く走るためのペダリングについて、多くの人のさまざまな意見が飛び交ってきました。

内容は千差万別ですが、そのほとんどに共通する基本は、「大きな・たくさんの筋肉を使う」ことです。

多くのサイクリストのペダリングは、腿の前部にある大腿四頭筋に頼っています。大腿四頭筋は意識しやすく、その意味で使いやすい筋肉だからです。

しかし、ペダリングに使える筋肉は大腿四頭筋だけではありません。前のパート2でも軽く触れましたが、脚の筋肉に限っても、腿の裏側のハムストリングスやお尻の殿筋はとても大きな筋肉ですから、ぜひ使うべきです。さらには体幹の筋肉も使いたい。

ではどうすればハムストリングスや殿筋をペダリングに動員できるかですが、シンプルな方法はサドルを後ろに引いた、後ろ乗りのポジションにすることでした。しかし今は前乗りのポジションが主流なので、その方法が使いにくいのです。

したがって、今のポジションを維持したまま、ハムストリングスや殿筋を使えるようにならなければいけません。そのために必要なのが、ペダリングや身体についてのイメージを変えることです。私がこれから、さまざまな例えやイメージをお伝えするのはそのためです。

ポイント

- 効率的なペダリングには、大腿四頭筋だけでなく、ハムストリングスや殿筋、体幹の筋肉など大きな筋肉を使うことが重要
- 前乗りのポジションが主流であるため、ペダリングで多くの筋肉を使うには、イメージを変え、新たな技術を身につける必要がある

たくさんの筋肉でペダリングする

力任せに踏むだけだと、大腿四頭筋に頼ったペダリングになってしまう。ハムストリングスや殿筋も動員するのが効率的なペダリングのコツだ

アドバイス

ハムストリングスや殿筋といった身体の裏側の筋肉を使いこなすことで、特定の筋肉に負担が集中することを防げます。とくに裏側の筋肉が上手く使えているときは、ちょうどスケートですーっと氷上を滑るときのような感覚で走れます。

ひざ関節ではなく股関節で「回す」

◎股関節を意識する

ペダリングの身体イメージを変える第一歩は、「ひざ関節で踏む」のではなく「股関節で回す」感覚を身につけることです。

「ペダルを踏もう」と考えたとき、多くの方は膝で、つまりひざ関節の動きによって踏もうとするはずです。ひざ関節は使いやすいからです。

しかし、それではひざに近い所にある大腿四頭筋に頼ることになります。お尻の付け根から膝まで走るハムストリングスや殿筋を使うためには、ひざ関節ではなく、もっと上にある股関節から大きく脚を動かす必要があります。脚を大きく動かすということは、すなわちたくさんの筋肉を使っていることに他なりません。

また、ひざに力を入れると自動的に足首も力んでしまい、ひざ下から足にかけてが疲れます。先に書いたように、力を入れるべきは身体の中心部であり、足などの末端はリラックスしている必要があるのですが、その原則に反してしまうわけです。

ですから、股関節の下にあるひざ関節と足首の関節は、存在を忘れましょう。股関節から下はひとつのパーツになっているイメージで、大きく脚を回してください。

それからもう一つ、ここまで何度かペダルを「踏む」という表現を使ってしまいましたが、それよりも「回す」という意識でペダリングしてください。「踏む」というイメージだと、どうしてもひざ関節を使いがちだからです。

ポイント

- ペダリングは「ひざ関節で踏む」のではなく、「股関節で回す」意識を持つことで、より多くの筋肉を使えるようになる
- ひざや足首に力を入れると疲れやすくなるため、股関節を中心に脚全体を大きく動かし、末端はリラックスさせるのが理想的

股関節から大きく脚を動かす

脚は股関節から大きく動かすことで、大腿四頭筋だけではなく殿筋やハムストリングなども使うことができる。

アドバイス

ペダルを「回す」と言っても、実際は踏むときにもっとも大きいトルクが生まれるのも事実です。「踏む」という意識を持たず、自然とトルクをペダルにかけるためには、太ももを自重によってペダルに「落とす」イメージを持つといいでしょう。

脚はみぞおちから生えている

◎腸腰筋をペダリングに使う

大腿四頭筋だけに頼らず、ハムストリングスや殿筋も使うペダリングを身につけるための一つの提案が「脚が上体から生えている」イメージで走ることです。

ペダリングについて勉強された経験がある方は、「腸腰筋」という筋肉の名前を聞いたことがあるかもしれません。腸腰筋は腰の骨・骨盤と大腿骨をつなぐ筋肉で、この腸腰筋が縮むことで、人は脚を持ち上げることができます。ペダリングでは、脚を上げる「引き足」の運動を担う、実はとても大切な筋肉です。

腸腰筋を使いこなすことは、力任せに脚で踏むだけのペダリングから全身で回すペダリングに進歩するための大事なステップです。

しかし、腸腰筋は身体の深いところにあるため、見たり触ったりして意識することが難しいのが特徴です。

そこで私がお勧めしたいのが、「脚」についてのイメージを改めること。私たち人間の脚は股関節から生えているわけですが、それを「みぞおちから生えている」とイメージしてみてください。

つまり、脚の付け根がぐぐっと上に来ることになります。ペダルを引くときも踏むときも、みぞおちが起点になるわけです。

もちろん実際の脚の位置は変わりませんが、このイメージでペダリングをすると、腸腰筋をはじめとした体幹の使いにくい筋肉をペダリングに動員できるようになります。身体の使い方を変える第一歩は、身体についてのイメージを変えることです。

ポイント

- 体幹の深いところにある腸腰筋を使いこなすことがスムーズなペダリングの鍵
- みぞおちから脚が生えているイメージでペダリングをすると体幹の筋肉を使いやすい

みぞおちから脚が生えているイメージ

股関節よりずっと上のみぞおちから脚が生えているイメージでペダリング。すると体幹の筋肉をペダリングに使いやすくなる

腸腰筋に限らず重要な筋肉はたくさんありますが、個別の筋肉だけを意識して動かすことはとても難しいです。身体のイメージを変えることからアプローチするのがいいでしょう。

足は10時から1時にかけてスライド

◎主観と客観はズレている

ペダリングについてもイメージが大事です。「ペダルを回す」といっても、もちろん360度ペダルに力をかけつづけるのは不可能なので、できるだけ効率的にトルクを伝えられる踏み方を身につけなければいけません。

ペダルの軌跡を時計に例えると、ペダルにかけたトルクが推進力に変わるのは12〜5時手前の間だけです。したがって、12時の地点を通過したらすぐに力をかけはじめるのがポイントです。

しかし、人間の主観と実際の動きにはかなりのタイムラグがあります。「12時から踏もう」と思っていると、実際にペダルにトルクがかかりはじめるのは2時や3時の地点になってしまいます。これでは、踏む力を推進力に変えられるのはごく短い間だけです。

ですから、効率的にロードバイクを進めるためには、主観的なイメージでは「10時から1時にかけて」力を加えるのがいいでしょう。1時で終えるのは、実際のペダルの位置が6時に近づくと、ペダルにかかる力の大半が無駄になってしまうからです。6時の時点でいくら力をかけても、推進力はゼロですよね。

さらに、もっとも効率的に推進力を生める1〜3時付近で無駄なく力をかけるために、足は「踏む」のではなく斜め方向に「スライド」させるイメージでペダリングしています。

ポイント

- ◉ ペダルにかかる力を推進力にできるのは12〜5時前後
- ◉ 主観とのタイムラグを考慮し、10〜1時にかけてペダルを斜めにスライドさせるイメージ

早めに踏みはじめるイメージで

ペダルを踏む力を効率的に推進力にできるのは0～5時前後だが、主観と身体の動きにはタイムラグがある。したがって、0時よりも早めから踏みはじめるイメージでペダリングする

アドバイス

ペダルを引き上げる、いわゆる「引き足」はほぼ意識しません。斜めのスライドだけを意識し、下死点のかなり前で力を抜くようにしています。

身体とバイクの間にボールを抱える

◎お腹の下の空間をつぶさない

これまで、ペダリング時の上体、とくに骨盤の角度や背骨の形についてはいろいろな議論がありました。背骨を曲げてコブを作った方がいいとか、逆に寝かせた方がいいなどの意見が飛び交いましたが、「これ」といった正解は見いだせていないようです。

私の考えとしては、どの意見も一面で正しいというか、それらの間くらいに正解があると感じます。もちろん、個人差があることは前提です。

サドルの上で体幹が脱力して骨盤、あるいはお腹がべたっと寝てしまうと、お腹の下の空間をつぶしてしまいます。すると、ペダリングで脚を上げたときに、腿がお腹に当たるようになり、ペダリングの妨げになります。

しかしそれ以上に問題なのは、お腹が寝るということは体幹の力が抜けていますから、脚の力しか使わないペダリングになってしまうことです。

プロ選手の中にも体幹や骨盤が寝ているように見える人はいますが、脱力してはいません。そこがアマチュアとの大きな違いです。体幹に一定の緊張感がなければ、前項で説明した腸腰筋などの重要な筋肉が使えません。

ではどのように体幹の緊張を保つかというと、ペダリングの際に「身体とバイクの間に大きなボールを抱える」イメージを持つといいでしょう。こうすることで、力みすぎず、弛緩しすぎず、体幹に適度な力が入ります。

ポイント

- 骨盤・背骨の理想的なフォームについては多くの議論があったが正解が見つかっていない
- 骨盤の角度以前に、体幹が脱力して潰れてしまわないように意識する

身体の下にボールがあるイメージ

身体とバイクの間に大きなボールを入れられるくらいの空間を確保するイメージで上体を維持する。こうすることで上体が潰れることを防げる

アドバイス

ペダリングで太ももを引き上げたときに、お腹にペタペタと当たるような方は体幹が寝すぎだと思います。ここで解説したように、ボールを入れるイメージを持って走ってみてください。

サドルの上で正座する

◎身体の下の空間をつぶさない

さて、身体の下にボールを抱えるイメージで……とお伝えしましたが、これだけでは不十分です。ボールを抱える空間を作ることができても、体幹がふにゃふにゃではペダリングの力が逃げてしまうからです。

ペダルを踏むと、その反発力が体幹に伝わります。この場合の反発力とは、体幹を起こそうとする方向に作用します。

椅子に座って前かがみになった状態でペダルを踏むように床を足で押すと、上半身が起き上がります。その力です。立ち上がるときは上半身が起き上がった方がいいのですが、ペダリングのときは違います。上半身が起き上がるということは、ペダルを踏む力が逃げてしまっていることを意味するからです。

踏む力を100％ペダルに伝えて推進力にするには、体幹がペダルを踏む反発力を抑え込まなければいけません。そのためには、体幹は動いてはいけないのです。かといって、力んでがちがちに固めようとするのも、無駄な力を使ってしまうため避けたい。

「しっかりしている」と「がちがちにならない」の案配が難しいのですが、例によってイメージでお伝えすると、「正座」がどんぴしゃだと思っています。畳の上で正座しているときは、身体を支えるために自然と体幹、とくにおへその周りがしっかりしますよね。「力まないのに安定している」という点が重要です。そして正座したまま身体を前に倒してみてください。脚に力がかかる感じがつかめると思います。この力をペダルに加えられれば、バイクは前に進みます。

ポイント

- 身体の下に空間を確保したいが、体幹が動いてしまうのはNG
- 体幹が不安定だとペダルを踏んだ力が逃げてしまう

ペダルを踏む力を逃さない

体幹が不安定だと、ペダルを踏んだ時にその反発力が体幹に伝わり、力が逃げてしまう(左の矢印)。体幹はしっかりと安定している必要がある

アドバイス

「お腹の下に空間を作ろう」とするだけだと骨盤が後ろに倒れ、ペダルを踏む力が逃げてしまいます。体幹が動かないようにしつつ、無駄に力まないバランス感覚が大切です。

常に「おへそ」を意識

◎おへその下に重心がある

さて、ここまで腸腰筋など体幹の筋肉を意識し、上体を適度に安定させるためのイメージを解説してきましたが、実際に走っている最中に「腸腰筋は使えているかな」「骨盤の角度はどうなっているだろう」などとすべてのことについて注意を払うことはできません。むしろ細かいことに気を取られると、全身の動きがバラバラになり、スムーズでなくなってしまうでしょう。

ですから、**ライド中にはできるだけシンプルなイメージを持っているほうがいいのです**。そして私の場合、意識するのは「おへそ」の位置です。

私は走っている最中、おへその位置が安定するように意識しています。良くないのは、ペダルを踏みこんだ時におへそが後ろに「逃げてしまう」ペダリング。体幹がふにゃふにゃしており、前後に動いてしまっていることを意味しているからです。

ペダリングでは静かな和室で正座をするときのように、力まずに体幹が安定している状態が理想です。

「おへそが逃げない」のも似ていて、ペダルを踏む力が逃げないように体幹を安定させるということです。体幹が弱いと、ペダルを踏んだときに反発力でおへそが後ろに動いてしまいます。

もちろん、ペダリングに合わせて多少は位置が前後するのですが、おへそが常にＢＢの真上付近で安定するように意識する。それがライド中に体幹を安定させるもっともシンプルなイメージです。

ポイント

- 走っている最中は、身体の些末なことをイメージすることが難しい
- 「おへそが前を向き、ＢＢの上にある」のが体幹を安定させるシンプルなイメージ

おへその向きと位置

おへそが前を向くイメージは、背中が丸まりペダリングの力が逃げないようにするため。おへそが常にBBの真上前後に位置し、動かないように意識するのも同様の理由だ

アドバイス

おへそについて注意すべきことはもう一つあります。腰がおへそのところで前に折れ曲がってしまうと、骨盤が後ろに倒れ、サドルにどっかりと座る形になってしまいます。これではペダルに体重をかけにくいため、腰は曲げないイメージを持ってください。

ハンドルは「卵のように」持つ

◎肩に力が入りがち

アマチュアサイクリストの方と一緒に走っていて「肩の力を抜いてください」と言うと、100人中100人がふっと肩の位置を下げます。それまでは力んで肩の位置が上がっていたというわけです。意識して肩の力を抜くことも大切ですが、根本的には、肩に力が入る原因を取り除かなければいけません。

ではその原因が何かというと、肩で身体を支えているからだと思います。身体を肩で支えるなら、肩に力が入るのは当然です。しかし先に書いたように、ペダリングの最中に身体を肩や腕で支える必要はありません。おへそがロードバイクの中心にあるBBの真上に位置していれば、腕で支えなくても身体は安定していられるはずだからです。

もう一つ、肩に力を入れてしまう要因として、ハンドルやブラケットをがっしりと「握って」しまうことも挙げられるかもしれません。あるいは逆に、必死で身体を支えようとするからブラケットを握りしめてしまうのかもしれませんが、いずれにしても、肩が力んでいる人のほとんどはブラケットを握りしめているようです。

ブラケットに手を置くだけだと段差を通過した時に外れて大けがにつながる恐れがありますが、強く握る必要はありません。そっと手のひらで包み込むくらいで十分です。

具体的に書くと、生卵を優しく持つくらいの感覚です。道が荒れているなどの理由でしっかり持つにしても、ペンを握るくらいのイメージで。握りしめたりはしません。

ポイント

- 無意識に肩に力が入ってしまっているサイクリストが多い
- ハンドルを握りしめ、腕で身体を支えていることも肩が力む要因

ブラケットはそっと包むだけ

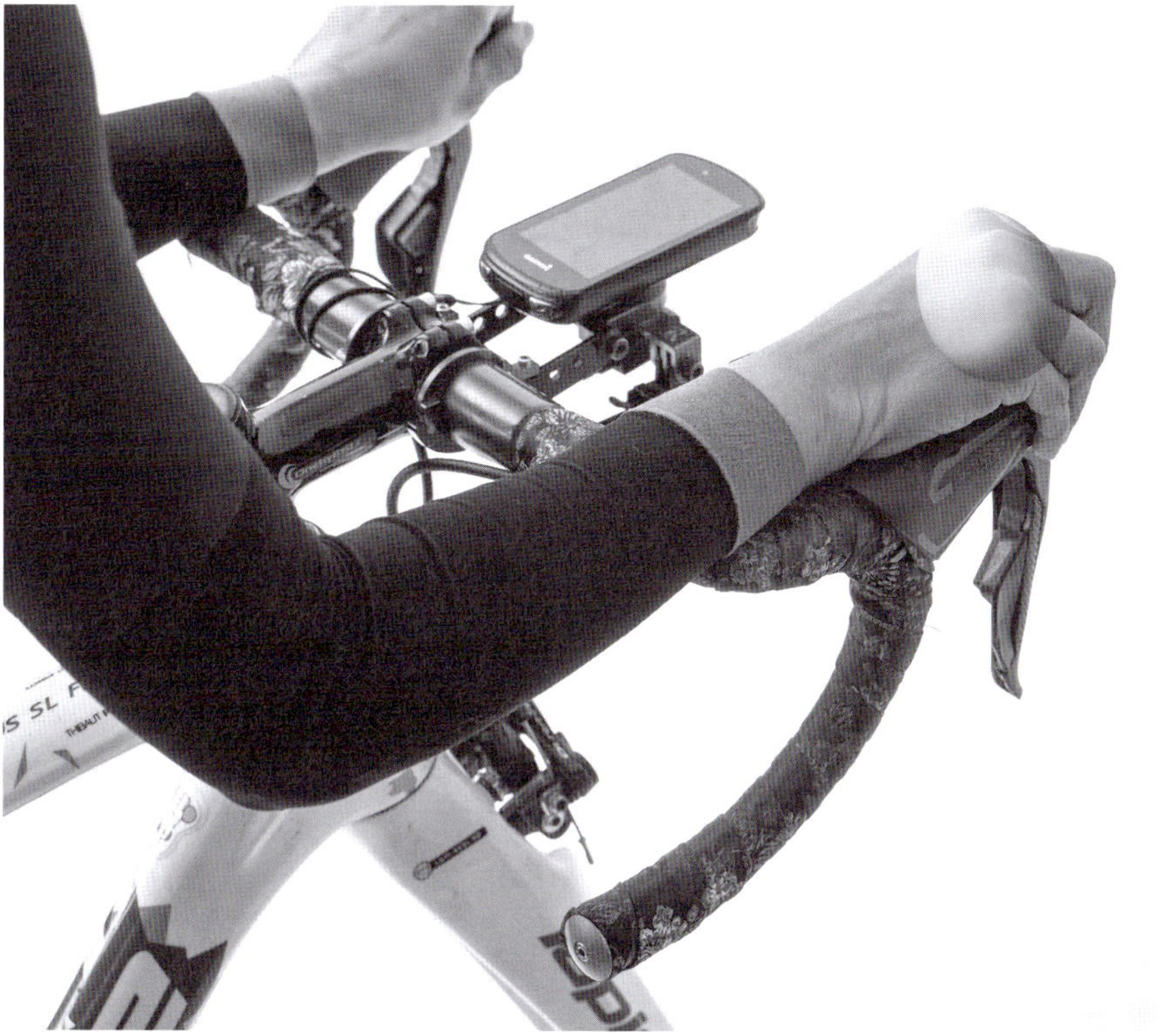

ブラケットやハンドルを持つときは強く握りしめる必要はない。卵を持つように、手で包み込むだけでOKだ

アドバイス

走っている最中は、手のように身体の末端にある細かい部分について強く意識することはあまりありません。ごく自然に、力まずに、存在を忘れているくらいが理想です。

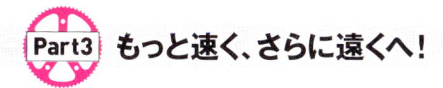

ハンドルは押さない、引かない

◎腕は「余計なことはしない」

ペダリングの最中にハンドルを押すべきか、引くべきかという話題もしばしば目にします。しかし先ほど書いたように、前提として、自然なペダリングの最中は手や腕に仕事をさせてはいけないのです。ハンドルを押すにしても引くにしても、それは腕に仕事をさせる行為です。

したがって、**基本的にハンドルは押しませんし、引くこともありません**。腕の重さがハンドルにかかるので、その意味ではやや押す形になりますが、意図して押すわけではありません。

ハンドルには「荷重」はかかるけれど、「加重」はしない、ということです。しっかりと重心が車体の中央に位置し、**安定したフォームをとれているなら、腕で身体を支える必要がない**ためです。ペースを上げるときには身体が左右に振れるので、それに合わせて軽く引いたり押したりする程度です。

ひじがぴーんと伸び切ってしまっている方もよく見かけますが、それも腕で上体を支えているからですよね。ひじは軽く曲がるくらいが自然です。逆に、ひじが曲がりすぎていて、脇が開いてしまっている方も多いようです。脇はこぶしが一つ入るくらいで、力まない程度に締めてください。

フォームには個人差があってしかるべきですが、武術や他のスポーツのように、万人が押さえたほうがいい基本も存在します。私がここでお伝えしたいのは、その基本を身に着けるためのイメージです。

ポイント

- ハンドルは押さないし、引かない。腕に仕事をさせることはNG
- ひじは軽く曲がり、脇はこぶし一つぶんほどの余裕を確保して締める

肘は自然に曲がる

ハンドルは押したり引いたりはしない。ひじは突っ張らずに自然と軽く曲がる。脇は締まるが、こぶし一つぶんほど余裕が残る

アドバイス

走っている最中の自分のフォームを客観的に把握するのは簡単ではありません。他の人に写真を撮ってもらうなどして確認してみましょう。おそらく、頭の中のイメージとは異なっているはずです。

サドルに坐骨を刺して「沼」を回避

◎上手ければサドルを選ばない

「サドル沼」という言葉があります。自分のお尻に合うサドルを探し求めるうちに迷子になってしまう様子を指す言葉です。サドル選びはそれほど難しいものだ、ということですね。

しかし、私はそうは思いません。あえて挑発的に書くと、フォームに問題があるからサドル選びが難航するのであって、上手い人はサドルを選ばないと思うのです。

お尻の置き方に上手いも下手もあるのか？と思われるかもしれませんが、確実にあります。私も下手だったからです。

座り方が「下手」な人は、べたっと股間の全体をサドルに密着させてしまっています。すると尿道や（男性なら）前立腺などが思いっきり圧迫されますから、ピンポイントでそれらの部分を避ける形状のサドルでなければ痛みやしびれが出ます。そのためサドルの形状選びがシビアになり、沼にハマってしまうというわけです。

しかし、私たちのお尻には二つの骨（坐骨）があります。この骨がしっかりとサドルに突き刺さっていれば、尿道も前立腺も保護されますから、サドル選びはそれほど苦労しません。

ここであえて「骨盤を立てる」という表現を避けたのは、骨盤を立てることだけを意識すると背中が丸まり、体幹の力が抜けてしまうからです。たしかに骨盤はちょっと立てるのですが、それ以上に骨盤がサドルの上でしっかりと安定することが大事です。それを「坐骨がサドルに刺さる」と表現したわけです。

ポイント

- お尻全体でどっかりとサドルに座ると尿道や前立腺が圧迫される
- お尻の二つの座骨がサドルに刺さり、尿道や前立腺を保護するイメージ。必ずしも骨盤を立てるのではない

お尻の坐骨がサドルに刺さる

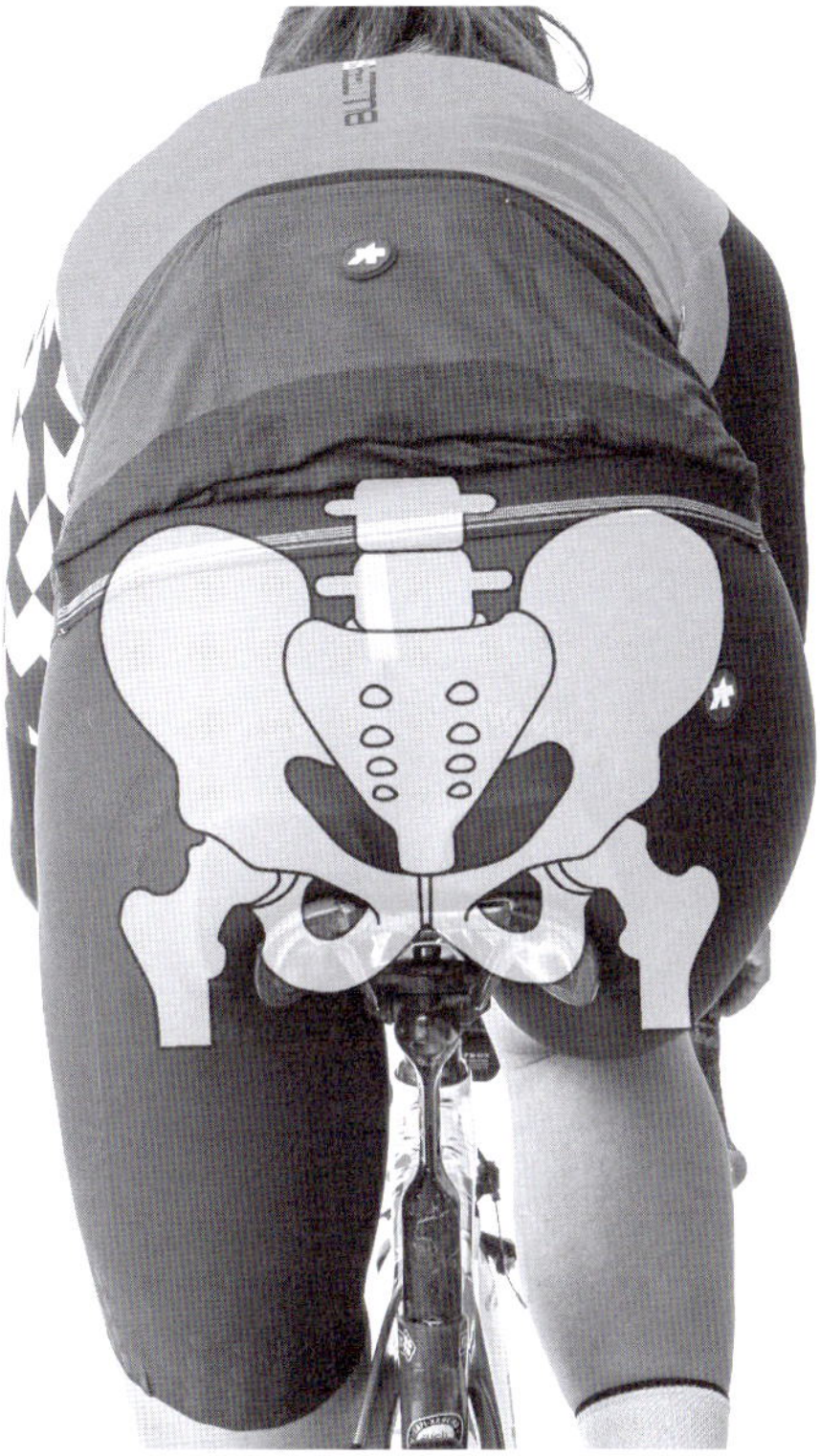

お尻に二つある座骨。それらがサドルにしっかりと突き刺さり尿道などを保護するイメージだ。座骨が刺さることで、骨盤がサドルの上で安定することもプラス

アドバイス

昔は長時間乗ると尿道が圧迫されて辛くなるので、尿道とサドルの座面との距離を確保しやすいフラットなサドルにしたこともありました。しかし座骨で保護できるようになった今は曲面のサドルで問題ありません。

ペダリング中の身体はねじれている

◎上半身と下半身が逆に動く

先に書いたように、私は運動音痴でした。どのくらい運動音痴だったかというと、走るときに、同じ側の手と足が同時に出ていたくらいです。つまり、右足で踏み込むときには右手が、左足を出すときには左手も、同時に出ていたのです。

普通は逆ですよね。右足が出るときには、右手は引いています。つまり身体はねじれるわけですが、そうすることでトルクを相殺しているのでしょう。歩くときも同じで、手と足は交互に出ます。

子どものころの私はそんなことも知らずにどったんばったんと走っていたわけですが、あるとき走り方が間違っていることを指摘され、なるほど確かに身体をねじるほうが安定するなと感心した記憶があります。

実はこれ、ロードバイクでも同じことが言えます。プロが走っている様子を後ろから見ると、お尻から下と上半身とが逆方向に微妙にねじれていることに気づくはずです。海外レースの動画などでチェックしてみてください。

腰から下はペダリングに合わせて左右にひねるように動きます。右脚で踏み込むときには上から見て反時計回りに、左脚で踏むときはその逆です。

そのとき、上半身は微妙に逆方向に動きます。かけっこをするときと同様に、トルクを打ち消すためでしょう。

意図的にねじるというよりは、身体が安定していると自然とねじれるイメージです。安定したフォームが身についていることが前提です。

ポイント

- ペダリング中の上半身と下半身は逆方向にねじれるように動く
- ランニング中の身体と同じ。それぞれのトルクを相殺するようにねじれる

ひじは自然に曲がる

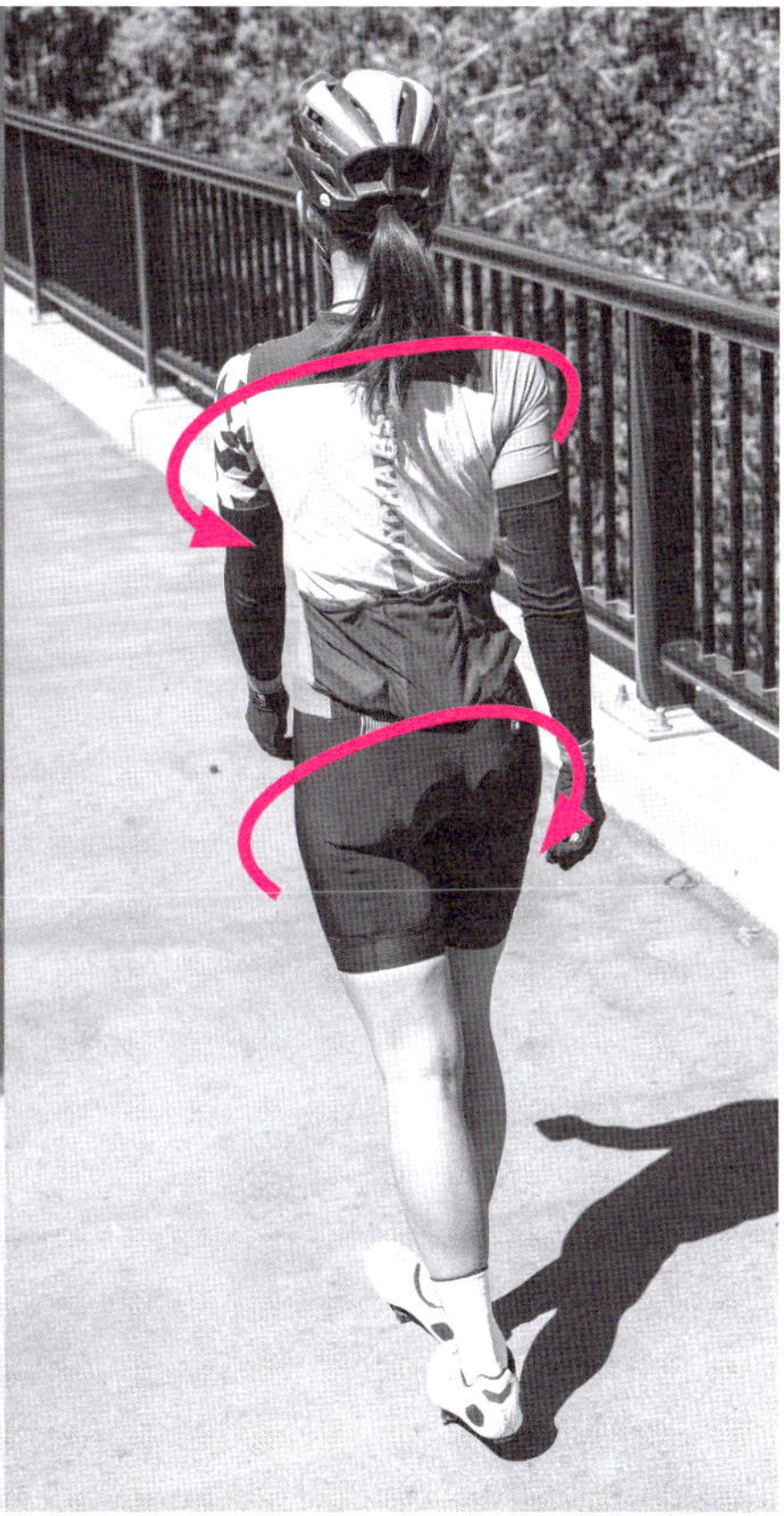

歩いたり走ったりするときには上半身と下半身が反対方向にねじれる。ペダリング中にも同じことが起こっている

アドバイス

ここでご紹介した身体のねじれは、「こうすべき」という目的ではなく、安定したフォームでペダリングができている場合の「結果」だと思ってください。いわば完成イメージです。結果として身体が自然にねじれるようなフォームが身につけば、それは安定したフォームといえるでしょう。

篠の
コラム
日本縦断ギネス世界記録挑戦レポート③

淡々と進む「地味作戦」

今回の予定ルートは全長が2543キロメートルでした。私のパフォーマンスと過去のチャレンジャーたちの記録を基に決めた目標タイムは151時間31分。1日あたりの走行距離は平均402キロです。走行中のパワーはざっくり100Wくらい、平地なら時速30キロ弱くらいで走る予定でした。速くは走れないので、無理せず着実に進む「地味作戦」です。

ちなみに、細かい計画を立てるにあたっては高岡亮寛さんがチャレンジした際のデータがとても役立ちました。この場を借りてお礼を申し上げます。

私の経験上、1日20時間以上走ると翌日に疲れが残るので、毎日0時前後に就寝して5時に起きて走りはじめることにしました。もっとも、連日にわたってそんなに走ったことはないので、何が起こるのかはわかりません。寝る場所は随行する車の中だったり、急遽ホテルをとったり。

計画を立てるときに意識したのは、距離を重ねるにしたがってパフォーマンスが落ちるであろうこと。その前提で計画を立てることで、「予定より遅れている……」というストレスを回避しようとしたのです。自分に期待しすぎるから落胆するのであって、最初から期待しなければ、最後までご機嫌で走れるかもしれません。

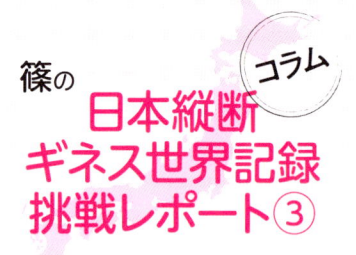

Part4

ヒルクライムをもっと好きになる

数字は敵にも味方にもなる

◎ 義務感で走らない

このパートでは、いよいよヒルクライムの具体的なテクニックをお伝えするのですが、そのためにもっとも重要なコツが一つあります。後でご紹介するロングライドにも当てはまるのですが、それは「数字にこだわりすぎない」ことです。

ヒルクライムにはタイムやFTPなどいろいろな「数字」が付きまといますよね。もちろんそれはそれで大切ですし、ときには数字がモチベーションを上げてくれることもあります。私もヒルクライムにハマりはじめたころは、獲得標高を稼ぐことを目標に走っていました。

でも、そういった数字だけをライドの目標にしてしまうと、視野を狭めてしまうリスクがあります。たとえばパワーにこだわりすぎてがむしゃらにペダルを踏み、フォームが乱れてしまうなどです。

もちろん、今のロードバイクの世界で数字と無縁でいることはできません。ですから私は、「結果的に」目標の数字を手に入れられるプランを立てることを勧めます。ロングライドなら、「100キロ走ろう」という目標だと、途中で嫌になってしまうリスクが高いのですが、50キロ先の場所にカフェなど目的地を決め、そこまで走ることを目標にすると、不思議と疲れません。目的地に向かうことに意識が集中するからでしょう。

でも距離などの数字を目標にしてしまうと、数字は無機質なデータにすぎないので、それらを淡々と消化するだけ。義務感で走っている状態になり、嫌になってしまいます。

ポイント

- 距離やタイム、パワーなどの数値を目標にすると、短期間でモチベーションを失うリスクがある
- 距離やタイムなどの数字を目標にするよりも、魅力的な目的地を設定する方が楽しく続けやすい

数値を目標にするリスク

科学的トレーニングの普及につれ、心拍系やパワーメーターなど「数値」を指標にする手段が増えた。数値はときに強いモチベーションをもたらすが、飽きる要因になるリスクもある

アドバイス

数字への「義務感」で走る状態が続くと、ロードバイクそのものが嫌になってしまいます。自分で自分に、楽しいご褒美を用意してください。

絶景とグルメのために走る

◎人は本能で絶景を求める

モチベーションを保ちつつ、たくさん走るシンプルな方法は、魅力的な目的地を設定すること。具体的には、**絶景とグルメです。**

マジメにトレーニングに取り組んでいる人には「そんなこと？」と思われそうですが、馬鹿にしてはいけません。初心者はもちろん、走り込んでいるサイクリストにこそ、絶景とグルメは効きます。

そもそも私がヒルクライムをはじめたのは山頂からの眺めを求めてのことだったのですが、後年、日本縦断のギネスチャレンジをしている最中の私を癒してくれたのも、結局は日本海沿いの絶景でした。

人は本能的に美しい景色を求めると、私は思います。絶景が期待できる目的地を選ぶのは、とても効果的です。

本能といえば、食欲も忘れてはいけません。とくに走るとお腹が空きますから、パン屋さんでも蕎麦屋さんでもいいですから、少し離れたところにある名店を目的地にしてみてください。

最近は、ある程度サイクリストがいる地域ならサイクルラックが用意されている飲食店も多いですし、そういうところは食事中も見える場所にバイクを停められることが多いので、盗難の心配も要りません。

絶景やグルメを目的地に設定すると何がいいかというと、**「走らなければ」という義務感から自由になれることです。**パワーや距離のためではなく**「走りたくて走っている状態」**を作れるので、結果的にトレーニングにも効果的です。

ポイント

- **絶景やグルメを目的地に設定すると、義務感から解放され、楽しく走れるようになる**
- **距離やパワーへの義務感よりも「走りたくて走る」状態を作るほうが結果的にトレーニング効果も高まる**

綺麗な景色がモチベーションになる

厳しいライドでこそ、美しい眺めはモチベーションになる。とくにヒルクライムは非日常的な風景に出会いやすい

アドバイス

目的地との間を往復するだけではなく、行きのルートと帰りのルートを変えてみてもいいですね。とくに、間に山を挟むと走りごたえがぐっと増します。

ルート作りを楽しむ

◎名もなき峠を求めて

実は私にはヒルクライム以外にも趣味があります。それは「サイクリングのルート作り」です。会社員だったころの休憩時間は、かつてあったサイクリングルートを作れるWEBサービス「ルートラボ」を眺めて過ごすのが常でした。ロードバイクで山を走るのは楽しいですが、そのためのルート作りも負けず劣らず楽しいのです。

たくさんのサイクリストが訪れる有名な峠を走るのも楽しいですが、名前もついていないような山中の道を走ることも非日常感があり、とてもエキサイティングです。せっかくロードバイクがあるのですから、普通の人は行けないような道を探してみてください。

まず、おおまかに走る場所を決めたら、その地域で面白そうな細い道を探します。実際に走れるかどうかは、「Googleマップ」の航空写真で舗装されているかをチェックするといいでしょう。未舗装だとロードバイクでは走れませんが、名前がない細い林道でも、意外としっかり舗装されている道は少なくありません。

ちなみに、フィットネスアクティビティを記録できるアプリ「Strava」には、たくさんサイクリストが通る道ほど色が濃く表示される機能があるので、その道がロードバイクで通行可能かどうかが推測できます。

「Strava」に限らず、GPSサイクリングコンピュータなどのガジェットやアプリによってヒルクライムの楽しみはぐっとアップします。

ポイント

- **ヒルクライムのルート作りはヒルクライム同様に楽しい。オンラインマップで未舗装かどうかを事前にチェック**
- **各種サイクリング用アプリやガジェットを使うと、サイクリングルート作りの楽しみが増し、非日常的な山中の道を見つけられる**

冒険ヒルクライム

名もなき林道でも、舗装されていれば走ることができる。非日常的な冒険のスリルを味わえるのもヒルクライムだ

アドバイス

山を走るとき、とくに人気の少ない場所を走るときは、日没前に下り終えることが鉄則です。日没後は道が見えづらくなるだけではなく、クマなどの動物と遭遇するリスクもあります。

ヒルクライムは距離よりも獲得標高

◎峠1本、1000メートルアップから

ヒルクライムの計画を立てるときにとても重要なことは、「距離」ではなく「獲得標高」つまりどれだけ上るかに着目することです。横ではなく縦方向で考えるんですね。

ロングライドのコースを作るときは、もちろん、距離を意識して計画しますよね。距離が長くなるほど難度というか、ハードルは高くなります。

しかしヒルクライムではちょっと話が違います。200メートルの峠を1本だけ上る100キロのライドよりも、峠2本、合計600メートル上る50キロのライドの方がきつかったりします。さらに、平地に突然、ぽこんと峠が現れるわけではなく、徐々に山がちになっていってやがて峠が現れるのが普通ですから、峠へのアプローチでもそれなりに上らされることになります。

たとえば、関東を代表するヒルクライムスポットであるヤビツ峠は、スタート地点から頂上まで約700メートル弱の獲得標高です。しかし、都内からヤビツ峠まで自走で往復すると片道で200メートルくらい上りますから、200×2＝400メートル。つまり合計およそ1000メートル上ることになります。

獲得標高700メートルと1000メートルでは疲労度合いがまったく違います。ルート作成アプリならば峠までの道のりの獲得標高も確認できますから、忘れずに計算に入れてください。はじめて本格的なヒルクライムに挑む方は、獲得標高1000メートルを目標にするといいでしょう。もちろん往復の道のりを含めてです。

ポイント

- ヒルクライムの計画では「距離」よりも「獲得標高」に注目することが重要で、縦方向での難易度を考える必要がある。
- 獲得標高を計算するときは、アプローチも含めた全体の上りの高さを確認し、初めて挑戦する人はトータルでの獲得標高1000mを目標にする。

ルートの「獲得標高」を確認する

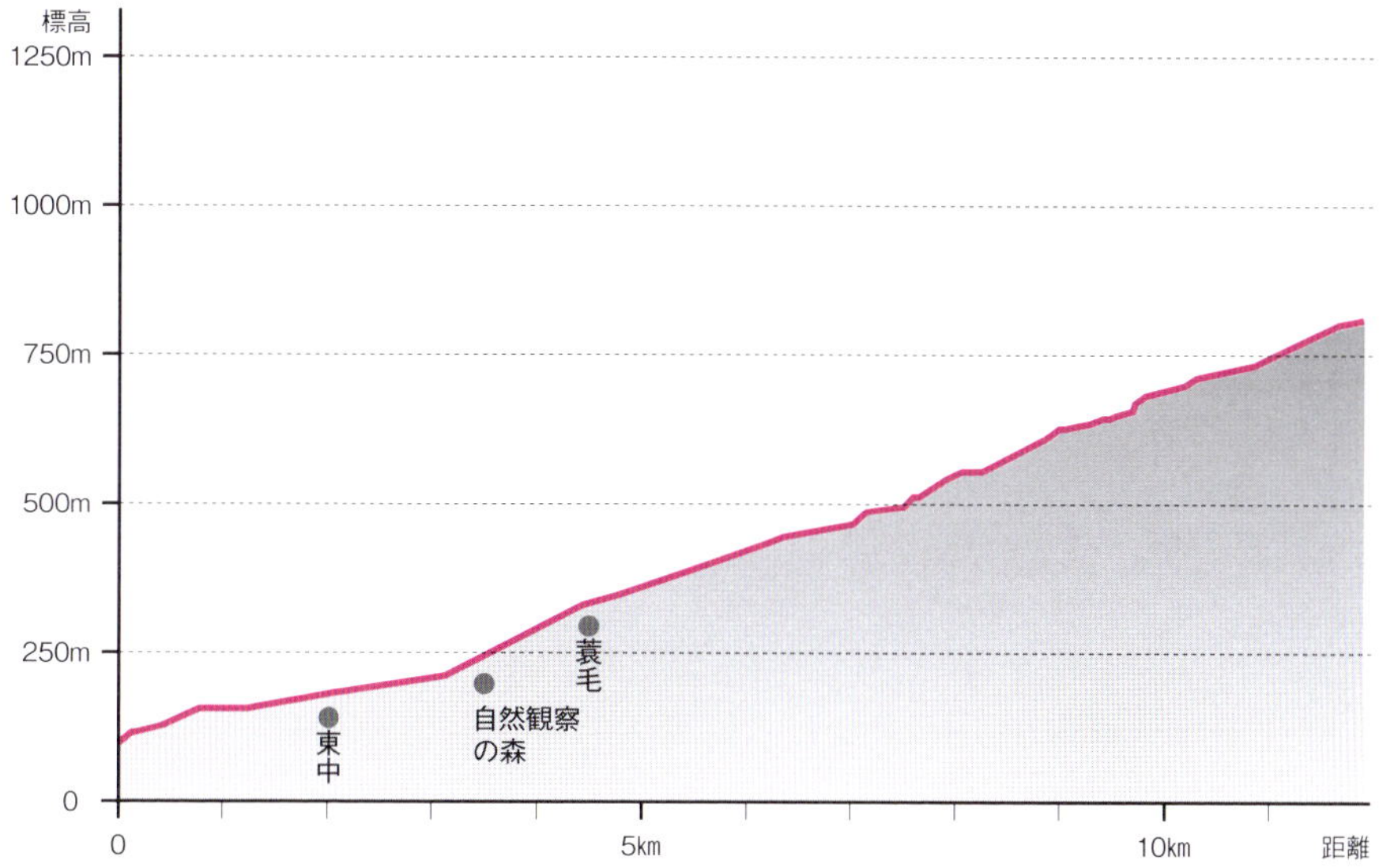

ヤビツ峠の獲得標高は700メートル弱。目標とする峠の高さだけではなく、往復路の細かいアップダウンも獲得標高に含まれる

アドバイス

目標とする峠ばかりに意識が向きがちですが、アプローチする道での細かなアップダウンにはかなり体力を削られますから、忘れないでください。そこを見落とすと、峠に到着したころにはヘトヘト……などということもありえます。

峠を100%楽しむ秘訣

◎往路の疲労とストレスを取り除く

はじめてヒルクライムにチャレンジする方の多くは、峠まで自走しようと考えると思います。私もいきなり、クリスマスの真夜中にヤビツ峠まで自走してしまったわけですが、そこで学んだのが、「峠はたどり着くまでのアプローチが大変」ということでした。ヒルクライムを楽しめるような山は都市部から離れていますから、往路も復路も交通量の多い道を延々と走ることになるため、それが結構なストレスでした。特に私は自動車が多い道を走るのが苦手なのでなおさらです。

それに、峠までのアプローチに時間がかかるということは、上りはじめるまでに体力を消費しているということでもあります。できれば初めから元気な状態で楽しみたい。そう思った私は、峠のちょっと手前まで輪行で「ワープ」することにしました。

これが大正解でした。時間と体力を100%ヒルクライムに使えるためたくさんの峠にチャレンジできますし、なによりもフレッシュな状態でヒルクライムができます。

文字通りふもとまで電車で行くわけではありません。具体的に書くと、ヤビツ峠に行く場合は、10キロくらい手前の愛甲石田駅まで輪行することが多かったですね。自動車が多く、ストレスのある市街地をパスできればそれでOKです。峠までの10キロはウォーミングアップのような感じです。

自動車をお持ちなら、ロードバイクを積んで移動する手もあります。郊外は無料の駐車場も多いですから、自動車と組み合わせると可能性が広がりますよ。

ポイント

- ◉ 峠まで自走することにこだわらず、走りやすい場所まで輪行する
- ◉ 輪行によって自動車が多い道を走るストレスとリスクを回避できる。自動車にバイクを積んで出かけてもOK

コンパクトになるロードバイク

輪行のために前後輪を外すとここまでコンパクトになる。自動車なら、前輪を外すだけで後部座席に収まることも多い。

アドバイス

都内や都市部の道は信号や自動車が多いため、走ることがストレスになる上、トレーニングにもなりません。事故のリスクもあります。苦手なところは輪行でパスしてしまいましょう！

はじめは有名峠一本＋αから

◎まずは一本上り切るところから

それでは具体的にヒルクライムの計画を立ててみましょう。まず、地図やマップアプリを見て、日帰りできる範囲にある有名な峠を探します。最初からいきなりマイナーな峠に挑んだりはせず、まずはメジャーな峠からはじめましょう。「(地域名) ヒルクライム」といったキーワードで検索すればサイクリストに人気の峠が見つかるはずです。

先にお伝えしたように、必ずしも峠まで自走する必要はありません。往復を輪行(や自動車)にすればチャレンジできる峠の数は一気に増えるはずです。

いきなり難度が高い峠に挑むのはちょっと無謀ですから、最初は距離は5キロ以内、平均勾配も6%くらいまでの峠がいいでしょう。

そのくらいの峠を一本、足を着かずに上り切るのがヒルクライマーとしての第一歩です。

慣れてきたら、そこに峠を一本追加してみましょう。違う峠を上ると新鮮な気持ちで楽しめます。一本一本は短い峠でも、複数上ると獲得標高はかなりのものになります。

とはいえ、「峠を上る」ことだけを目的にするのはちょっとストイックすぎるかもしれません。最初のうちはいいのですが、じきに飽きてしまうリスクがあるように思います。

そこで私は、峠に加えて、その付近にある甘味処とかお蕎麦屋さんなど、「ごほうび」的な目的地をもう一つ追加することをお勧めします。多くの峠は観光地化していますから、事前に調べると名店が色々あるはずです。気になる場所に立ち寄るルートを作ってみてください。

ポイント

- まず日帰り可能なメジャーな峠を目指し、全長5キロ以内の峠から挑戦を始める。少しずつ難度を上げること
- 峠に加え、近隣の甘味処や蕎麦屋など「ごほうび」の目的地も計画に組み込むことで、楽しみながらヒルクライムを続けられる

デビューに向いた峠の例

○コースプロフィール

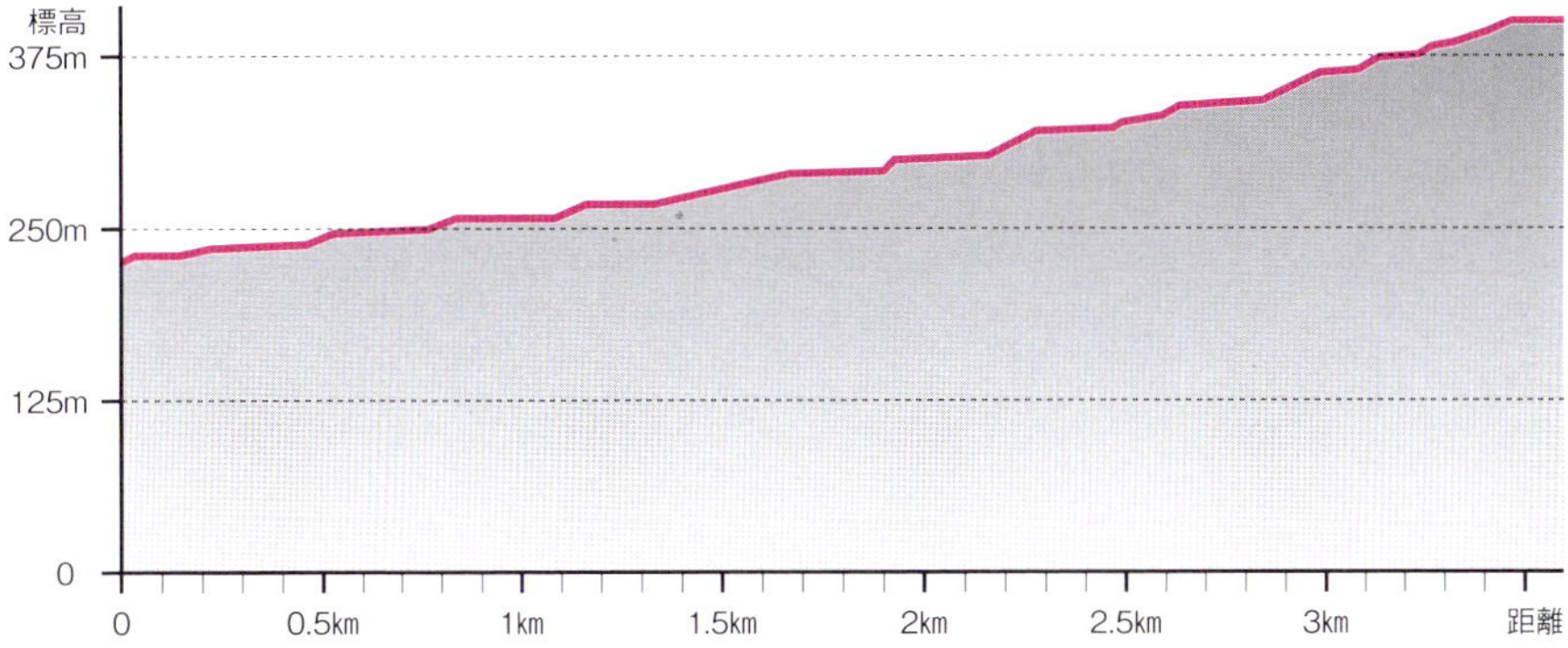

○コースマップ

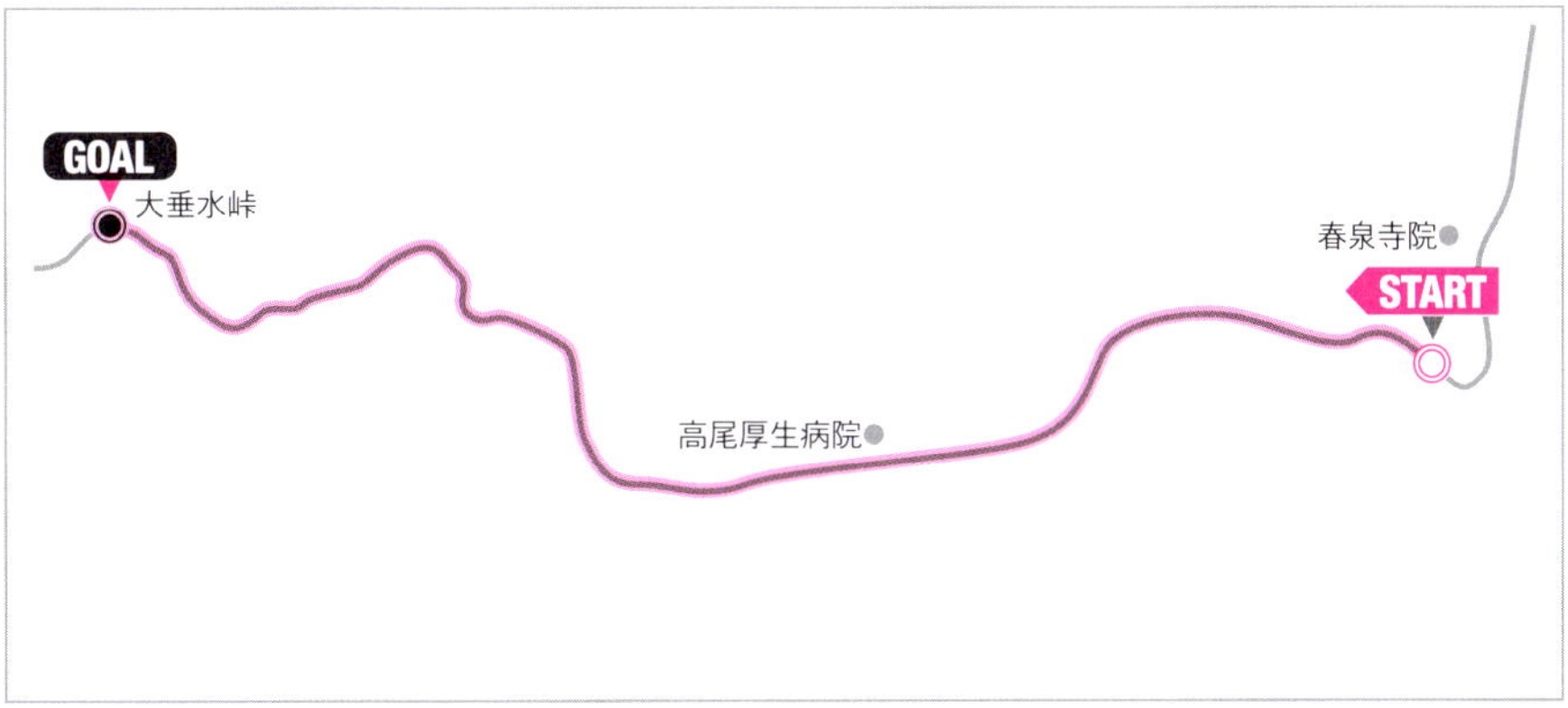

都内からもアクセスしやすい東京都八王子市南浅川町にある大垂水峠。距離3.6キロ、平均勾配4.9%とプロフィールも初心者向きだ

アドバイス

お店を目的地にするグルメライドはモチベーションを保つシンプルかつ有効な方法です。ヒルクライムに限らず、モチベーション低下に悩んでいる方は試す価値ありです。

必ず日没前に山を出る

◎日が暮れる前に山を出る

ヒルクライムの計画を立てるときに決して忘れないでほしいのが、山は遭難リスクがある場所だということです。舗装路を走るのだから登山とは違うでしょ？　と思われるかもしれませんが、山は山です。人気のない林道の下りでコースアウトして谷底に落ちたら、最悪、誰も気づいてくれないかもしれません。

ですから、スマートフォンはもちろん、場合によっては予備電源（私の場合はライトのバッテリーで兼用）も持って出ます。パンクなどのトラブルに対応できるスキルも平地でのサイクリング以上に重要です。

山には動物もいます。可愛い動物ならいいのですが、私はヒルクライムの途中で4回、クマを見たことがあります。うち3回は福島県でしたが、残りの1回は多くのサイクリストでにぎわう神奈川県の宮ヶ瀬湖でした。都心から簡単に自走できてしまう場所にも熊がいるのです。なお、イノシシと出くわした経験は数えきれません。

こういった、動物を含めた遭難リスクを避けるための鉄則が、「日が暮れる前に山を出る」ことです。日が傾くと様々な動物たちが道に出てきますし、道に迷ったり落車したりする危険性も増します。なによりも人気がなくなるので、トラブルがあった場合に助けを求めることが難しくなります。

したがって、日没の1時間前（冬なら15時、夏は18時）には山を出られるよう、逆算して計画を立ててください。家を出る時間は、意外と早くなると思いますよ。

ポイント

- **ヒルクライムを計画する際は遭難リスクがあることを常に考慮し、スマートフォンや予備電源、パンク修理キットを持っていく**
- **ヒルクライムでは「日が暮れる前に山を出る」ことが鉄則。動物と遭遇することや道に迷うリスクを避けるために、秋冬は15時、夏は18時までに山を出るようにする**

野生動物の脅威

地方での人口減を背景に、イノシシなどの大型動物が増えている。イノシシだけでも、年間100名近くが遭遇したことによりケガを負っている

アドバイス

自転車用の保険とセットになっているロードサービスがいくつかあり、私も利用したことがあります。自力で直せないような故障は滅多にありませんが、万が一の際にはとても有効です。

上りも平地と同じイメージで

◎平地と同じフォームのイメージで

一昔前のトレーニング本では、「上りのフォーム」として、平地とはまったく違うフォームが紹介されていました。ハンドルのトップ部分（上部にある左右の直線部分）を持って上体を起こすようなフォームです。

しかし、今のロードバイクでは「上りだからフォームを変えなければ」と力む必要はありません。平地のフォームのまま、リラックスして上るイメージで大丈夫です。

上り固有のフォームが推奨されていた理由の一つは、昔のロードバイクはギア比の幅が狭く、軽いギアがなかったため、低速になる上りに入ると極端にケイデンスが落ちたためかもしれません。平地よりずっと低いケイデンスで上ることになるため、フォームも平地とはまったく違うものになっていました。あるいはサドルを引いた「後ろ乗り」のポジションが主流だったので、お尻を前に出す上りだとフォームを変えざるを得なかったのかもしれません。

しかし今のロードバイクは非常に軽いギアが用意されています。後ろのギア（スプロケット）の最大の歯数が30Tを超えることも珍しくありません。また、前乗りのポジションが主流になったので、平地と上りでのフォームの差が小さくなったのです。したがって、上りに入っても基本的には平地と同じフォームでOKです。むしろ力んで肩に力が入ることを避けたいですね。フロントギアをインナーに落としてギア比を軽くし、平地と同じくらいのケイデンスでリラックスして走るのが現代的なヒルクライムです。

ポイント

- ◉ 現代のロードバイクでは、上りでも平地と同じフォームのイメージでリラックスして上る
- ◉ ギア比の幅が広がったことと前乗りポジションの普及により、上りと平地のフォームの差が小さくなった

上りでのフォーム

10%ほどの上りでのフォーム。平地でのフォーム(P115)と比べても差は小さい

アドバイス

極端に言えば、フォームもケイデンスも平地のまま、気負わずに上れるのが理想です。力むとペダリングのスムーズさが損なわれます。

上りでは上体が潰れやすい

◎お尻をわずかに前に出す

平地と同じイメージ、と書きましたが、厳密には上りのフォームは平地とは少しだけ異なります。

よく言われる違いはお尻の前後位置です。勾配があるとバイクが後ろに傾くため、サドル上のお尻の位置が平地と同じだと、傾きのぶんだけ、**お尻の位置がBBに対して後ろに移動します**（左ページ参照）。すると重心が後ろにズレてしまうため、勾配に応じて少しお尻を前に出すというわけです。

ただ、今のロードバイクは平地でも前乗りが前提の設計ですから、あまり極端にお尻の位置を動かす必要はありません。それに、次項で説明するように重心はお尻の位置だけで決まるわけではありません。

それよりも意識してほしいのは、上体のアーチを保つこと。**上りに入ると力任せでペダルを踏むようになり、その結果、上体のフォームが崩れてしまう人が非常に多いのです。**

上体のフォームは先ほど書いたお尻の前後位置とも関係します。勾配によってずるずるとサドル上のお尻の位置が下がっていくと、ハンドル〜サドルの距離が延びますから、上体が前に潰れていきます。するとやはり上体のフォームが崩れて身体とバイクの間の空間（P78）が失われてしまい、ペダリングがスムーズではなくなってしまいます。

つまり、お尻の位置と上体のフォームを意識することで、上りでも平地と同じリラックスしたイメージで走れるというわけです。

ポイント

- ◉ 上り坂ではバイクの傾きにより重心が後ろにずれるため、お尻の位置を少し前に出す必要がある
- ◉ 上りでは上体のフォームを保つことが重要。上体が潰れると非効率的なペダリングになる

お尻の前後位置を調整

上りの勾配に応じてお尻をわずかに前に出すことで重心の位置が後ろになることを防ぐ

アドバイス

上りで上体のフォームが崩れやすいのは、ペースを上げすぎて「必死」になることも理由です。ペース配分についてもすぐ後で解説しますね。

ハンドルを握りしめるのはNG

◎強く握る必要はナシ

峠を上っている人を見ると、多くの方はハンドルやブラケットを必死に握りしめています。上りでは重力によって後ろに引っ張られていますから、それに抗うためにハンドルを引っ張っているのでしょう。

しかし、パート1でも触れたように手に力が入ると肩にも力が入り、身体全体の動きが妨げられます。上りでも平地同様に全身の筋肉は連動していますから、手や腕が力むとペダリングもスムーズではなくなってしまいます。ヨーロッパのプロ選手を見ていると、上りでも手はリラックスしていますよね。あるいは他のスポーツや武道でも身体の末端にある手は力まないように指導されるのは、同じ理由だと思います。

理想的には、肩から上腕までリラックスして、手先は包む、あるいはペンを握るようにブラケットを持ちます。それでも変に力が入ってしまうなら、添えるだけのイメージで十分です。まずはハンドルに頼らない感覚を覚えてください。

もしハンドルを握りしめないと不安定になるなら、重心の位置に問題があります。どんな勾配であれ、重心がきちんとバイクの中心にあれば、極端な話、ハンドルを持たなくても身体は安定するからです。ハンドルにしがみつくように上っている方は、重心が後ろにズレてしまっているのでしょう。

重心の位置がズレているとペダリングにも問題が出てきます。お尻の位置が後ろになると、前方に蹴り出すような不自然なペダリングになってしまうのです。

ポイント

- ◉ 上りではハンドルを握りしめず、平地と同様に軽く添える程度で十分。強く握ると身体の動きが阻害される
- ◉ 重心がバイクの中心にあれば、ハンドルを強く持たなくても身体は安定する

上りでも腕はリラックス

上りでは腕が力みがちだが、急こう配でも重心がバイクの中央にあればハンドルを強く握らなくても身体は安定する

アドバイス

ここまでは簡略化して説明していますが、上りでの重心の調整や、手が力むとまずい理由などは実はかなり複雑です。この後はもっとマニアックになりますよ！

骨盤の角度にも注意する

◎重心は骨盤でも決まる

「上りではお尻の前後位置に注意せよ」というアドバイスはよく見かけますが、実はそれだけではありません。重心を正しく調整するためには、骨盤の角度も重要なのです。

サドルの上で骨盤が後ろ側に倒れてしまうと、ちょうど椅子に座って背もたれに寄りかかるような姿勢になり、上体の重心が後ろに移動してしまいます。するといくらお尻の位置を前にしても、上体の重心が後ろに行ってしまい、ハンドルにしがみつかないと不安定になってしまうのです。

骨盤が後ろに倒れることの問題はもう一つあります。ペダルを踏むトルクが弱くなることです。

実際に椅子に座って背もたれに寄りかかるとわかるのですが、骨盤が後ろに倒れると上半身の体重を脚にかけることができなくなり、地面を強く踏めません。これと同じことがサドルの上で起こるわけですから、ペダルを踏めなくなるんですね。

ただし、逆に骨盤が前に倒れすぎるのも問題です。上体がべたっとハンドルにもたれかかる形になり、お腹の下の空間がなくなりますから、ペダリングがスムーズにできなくなってしまいます。

お尻の前後位置と骨盤の角度のバランスが取れていると、上りでも無駄な力を使わずにスムーズにペダルを踏むことができるようになります。特に骨盤の角度は見落としている人が多いですから、セルフチェックしてみてください。

ポイント

- 上りでは、お尻の前後位置だけでなく、骨盤の角度も重視すべき。骨盤が後ろに倒れると重心も後ろに移動してしまう
- 逆に骨盤が前に倒れすぎると上半身が潰れてしまい、ペダリングがスムーズにできなくなるため、バランスが重要

骨盤が後ろに傾くと……

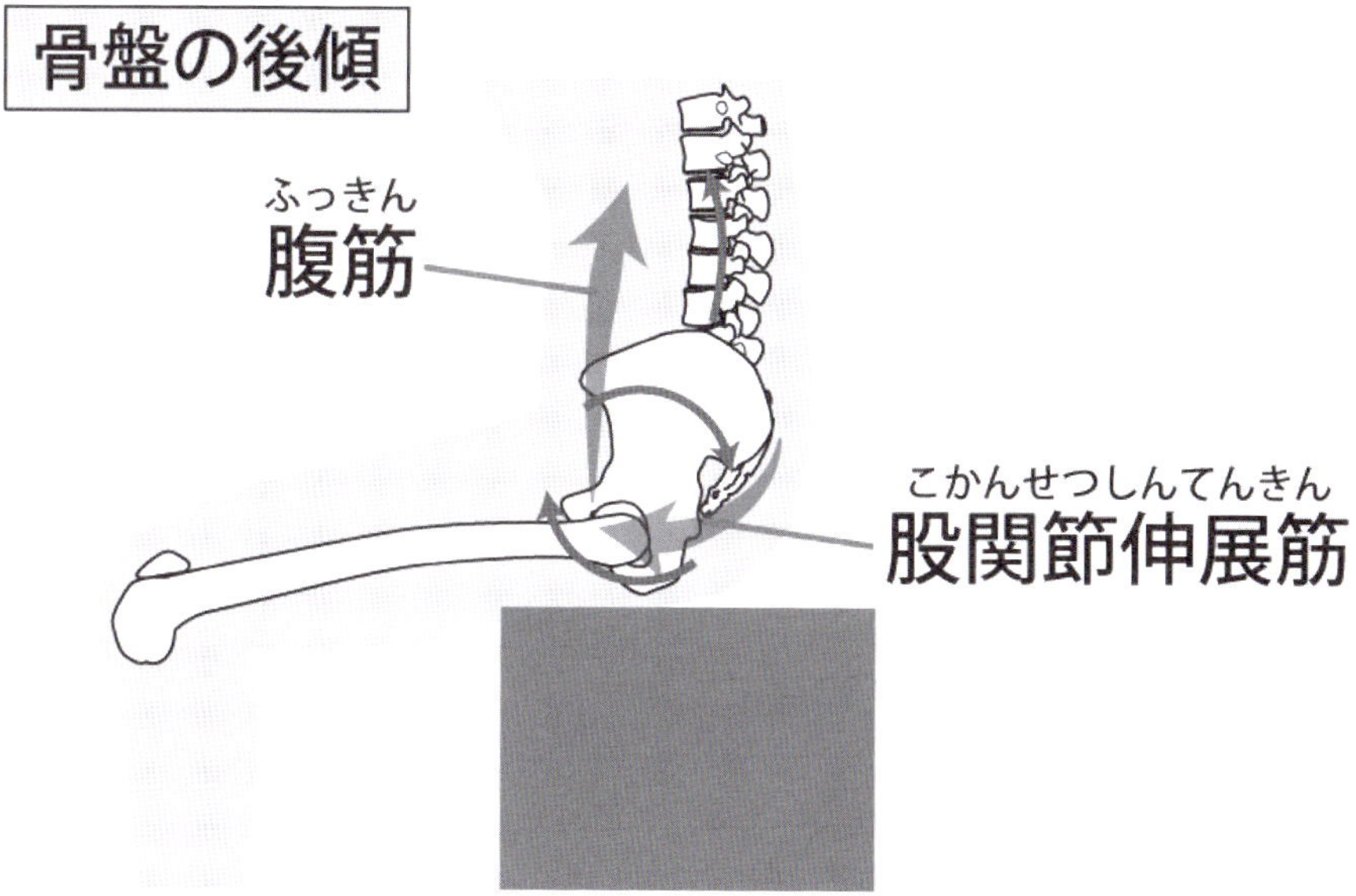

椅子にだらっと座った状態のように、骨盤が後ろに倒れると上体も後ろに倒れ重心が後方に偏る。また、ペダルにトルクが伝わりにくくなる

アドバイス
お尻の位置を意識する人は多いですが、骨盤や上体が後ろに傾いてしまっていることに気づいていないケースが多いようです。それでは、重心が後ろにずるずると下がってしまいます。

椅子に「だらっ」と座らない

◎インナーマッスルと姿勢

骨盤が後ろや前に倒れてしまうのは、骨盤を支えるインナーマッスル（身体の深いところにある筋肉）が弱いからです。よく電車で、脚を開いて「だらっ」と座っている人を見かけますよね。インナーマッスルが弱く、骨盤が支えられないとどうしても背もたれに頼るしかありません。

さらに、そういう方の脚が開いてしまうのも、同じようにインナーマッスルの弱さが原因です。やっていただくとわかるのですが、脚をきっちり閉じるためには身体の深い部分の筋力が必要です。両脚の間にボトルを挟んでみてください。かなり筋肉が疲れるはずです。

アマチュアのサイクリストでは「がに股」になってしまっている人が少なくないのですが、それも同じ理由です。そういう方は脚が開いてしまうだけでなく、骨盤の前後の角度も不安定になるため、上りでは上体が前後どちらかに倒れてしまうでしょう。

がに股のままでもトレーニングを積むことで速くはなれるのですが、インナーマッスルが鍛えられないため、腿の「外側」の筋肉に頼ることになります。すると筋肉のバランスが崩れ、ひざに痛みが出るリスクもあります。

さらに、がに股のペダリングは軌跡が曲線になるため、それだけ無駄が多いとも言えるでしょう。インナーマッスルを鍛えると、前方から見たときにペダルがまっすぐ上下するようになるので、無駄がなくなります。

ポイント

- 骨盤が前後に倒れる原因はインナーマッスルの弱さ。脚を開いて椅子の背もたれに頼りがちな座り方をするのも同じ原因
- がに股のペダリングは筋肉バランスを崩しひざの故障のリスクを高めるため、インナーマッスルの強化が必要

骨盤を支えるインナーマッスル

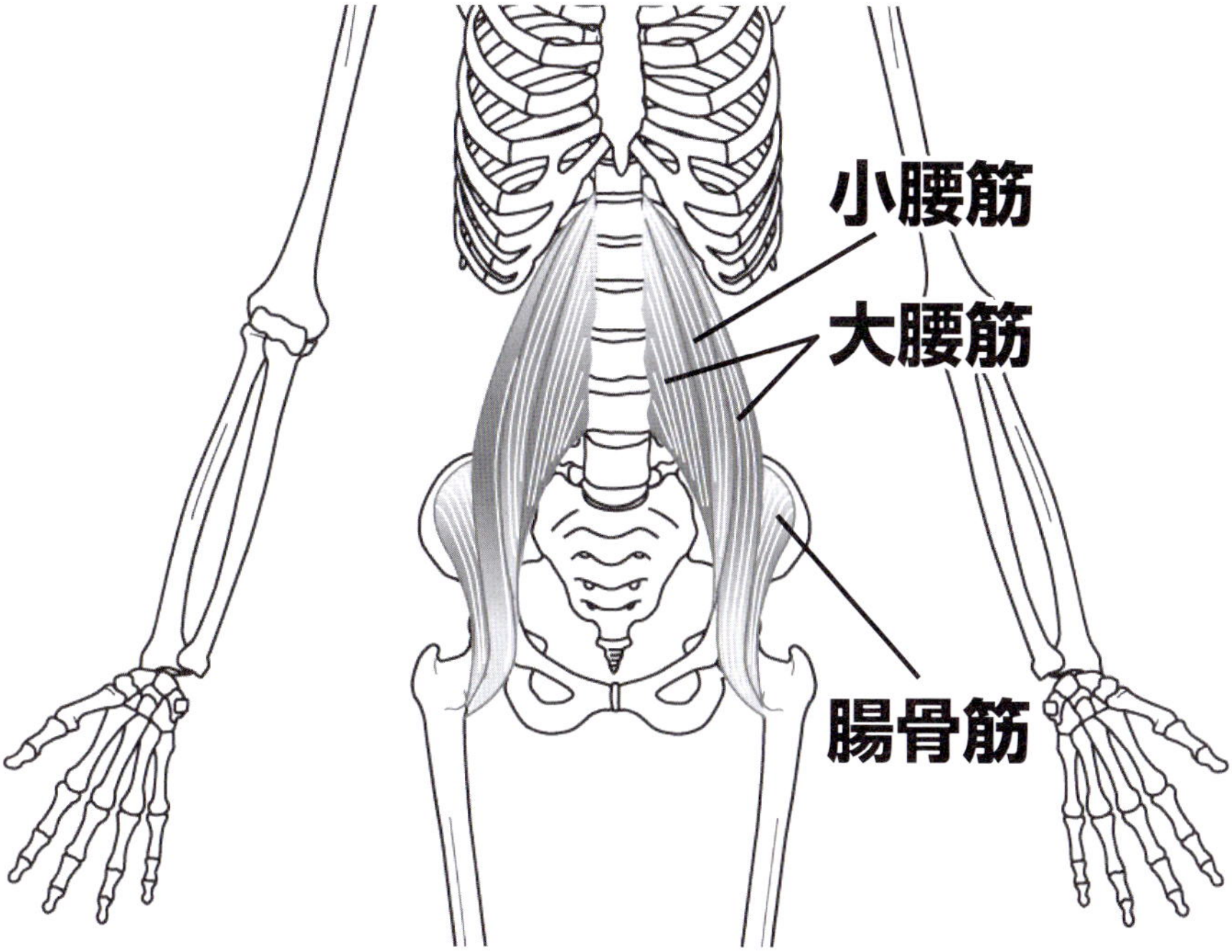

骨盤の周囲のインナーマッスルである腸腰筋を構成する3つの筋肉。骨盤とつながっているものもある。大腰筋は腿を締める筋肉

アドバイス

姿勢を保つためにインナーマッスルが必要だということは、裏を返すと日常生活で椅子に座るときにちゃんと骨盤を起こして脚を閉じるだけでもトレーニングになるということです。

サドルが高すぎる理由

◎脚が上げられない

フォームががに股で、ペダリングの軌跡がまっすぐではない人の特徴として、サドルが高すぎることが挙げられます。

まず前提として、ペダルを踏む動作と比べ、脚を引き上げる動作は難度が高いことがあります。踏む動作は大腿四頭筋など前・外側にある使いやすい筋肉で行えますが、引き上げるためにはインナーマッスルである腸腰筋など、使いにくい筋肉の力が必要だからです（左の図参照）。

インナーマッスルが弱くて脚を引き上げにくいとどうなるか。サドルを高くして、無理やり脚を「引っ張り上げる」ようにする傾向があります。サドルが高いと踏み込みやすいこともあり、パワーが出るようになったと錯覚するんですね。サドルが高すぎるあまり、つま先だけでペダリングしているような人もかなり見かけます。

しかし、サドルを高くして脚を引っ張り上げても、インナーマッスルの弱さという根本原因はそのままですから、脚を綺麗にまっすぐ引き上げることはできません。極端に書くと、正面から見たときに足が弧を描くように強引に引っ張り上げる形になります。

サドルの高さをチェックする簡単な方法は、ビンディングではないシューズでペダリングしてみることです。サドルが高すぎる方はビンディングに頼ってペダルを引っ張り上げていますから、それがなくなると途端にペダリングが不安定になります。

ポイント

- ◉ インナーマッスルが弱く脚をまっすぐ引き上げることが難しいとサドルを過剰に高くする傾向がある
- ◉ サドルの高さをチェックするにはビンディングを使わずにペダリングしてみることが有効。高すぎると不安定になることが確認できる

脚を引き上げるインナーマッスル

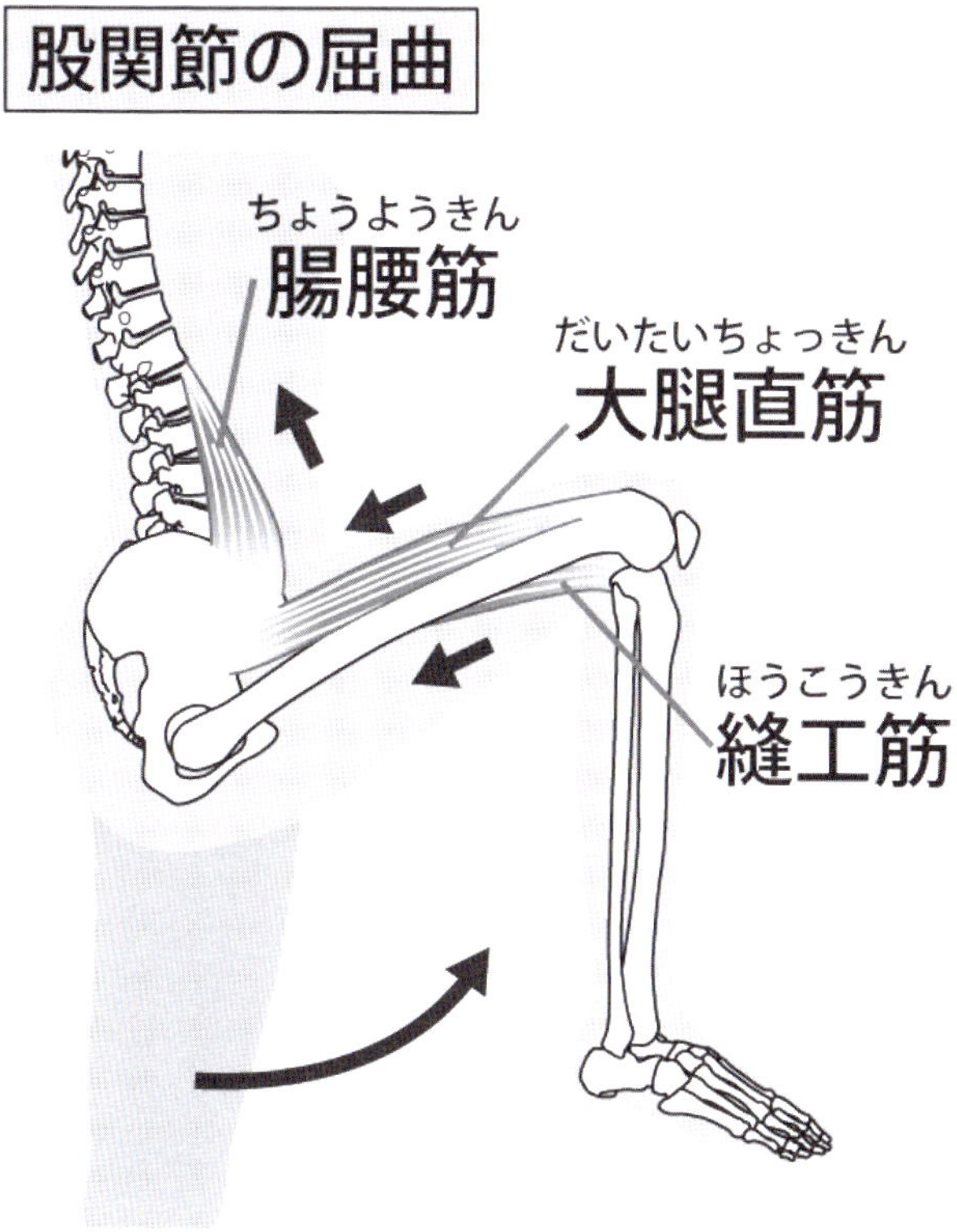

脚を上げる動作にはインナーマッスル、とくに腸腰筋の収縮が大きく寄与している

アドバイス

サドルを高くするとペダルを踏みやすくなったような気になるのですが、ペダリング全体がスムーズでなくなるため、むしろ疲労しやすくなります。股ズレも起こりやすいですね。

ペダリングは全身運動

◎泳ぐ魚のように漕ぐ

私が力まないことにこだわるのは、ヒルクライムに限らず、ペダリングは全身運動だからです。

ヨーロッパのトッププロの走りを動画で見ていただきたいのですが、たとえばツール・ド・フランスで圧倒的な強さを見せているタデイ・ポガチャルなどはくねくねと全身をしならせるようにして走っています。その理由はおそらく単純で、脚の筋肉だけで走るよりも、全身のたくさんの筋肉を動員したほうがパワーが出しやすく、疲労しにくいからでしょう。

しかし、たとえば腕が力むと上半身も力んで上半身の動きが固くなり、下半身だけでペダリングすることになります。非効率的ですね。

よく初心者の人に「身体がぶれないように」とアドバイスする場面を見ますが、私はあまり賛成できません。いたずらに身体を固くすることになり、全身の連動を妨げるからです。

もちろん、無駄にぶれることがマイナスであるのは言うまでもありません。ただ、まだ「全身でペダリングする感じ」をつかめていない段階の人に身体がぶれないように伝えるのは早すぎるように思うのです。

私の場合、速い人は全身を使っていることに気づいてからは、あえて身体がぶれることもいとわずに走るようにしました。その内全身でペダリングする感覚が理解できるようになると、無駄な動きは減り、安定してきました。上達するまでは身体がぶれる段階も必要なのではないでしょうか。

ポイント

- ペダリングは全身運動であり、脚の筋肉だけでなく全身の筋肉を動員することで、パワーが出しやすく疲労しにくくなる
- 慣れるまでは身体がぶれないよう意識するよりも、全身でペダリングする感覚をつかむことが重要

全身を使ったペダリング

ごく普通にペダリングしているだけでも、身体はねじれるように動いている。ペダリングは全身の複雑な連動だ

アドバイス

「身体がぶれないように」という注意はよく聞きましたが、それで身体が固くなってしまっては本末転倒です。慣れるまではぶれることは気にせず、全身を使う感触を身につけてください。

「安定した体幹」とは？

◎身体に一本の串が通っている感覚

ここまで読んできて、矛盾があるように感じた方もいるかもしれません。私は何度も「体幹を安定させることが大事」と書いてきましたが、同時に「体幹を固めないこと」「力まないで」とも説いているからです。

しかしその二つの主張は矛盾していません。「安定」というのは、がちがちに固くすることではないのです。無駄にぶれることなく、でも、しなやかによく動くのが安定している状態です。

ペダリング中の体幹が「安定」しているイメージをつかむには、胴体の真ん中を頭からお尻まで、一本の串が通っている状態をイメージしてもらえるとわかりやすいかもしれません。

その串は金属のように固いものではなく、焼き鳥の竹串のようにしなやかです。フレキシブルですが形を保っていて、圧力がかかっても直線に戻ります。

そして、その串の周りによく動く筋肉があり、パート2でも触れたように、ねじれるようにペダリングをする。これが「安定した体幹」のイメージです。

多くの方の体幹は、真ん中の串がなくてぐにゃぐにゃになっているか、あるいは筋肉も含めて全体ががちがちに固まっているかのどちらかです。前者だとハンドルにしがみつかないと身体が安定しませんし、後者では全身を使い、体幹などの筋力をペダリングに活かすことができません。

では、どうすれば安定した体幹が手に入るのでしょうか。

ポイント

- 体幹の「安定」とは、がちがちに固くすることではなく、無駄にぶれずにしなやかに動く状態を指す
- 安定した体幹は、しなやかで形を保ちつつよく動く筋肉を持ち、ペダリング中に全身を連動させることができる状態である

安定した体幹

中央にしなやかな串があり、その周囲の筋肉がねじれるようにペダリングする

アドバイス

体幹が使えていないと、長距離を走ると脚だけが局所的に疲労します。しかし体幹が使えるようになると、たとえば腹筋などが筋肉痛になることがあります。

体幹を鍛えるシンプルな方法

◎走ることがトレーニングになる

「体幹」はロードバイクに限らずさまざまなスポーツでキーワードになっていますが、鍛えることは簡単ではありません。そもそも、体幹は身体の深い所にある筋肉で構成されるので、意識しづらいのです。

体幹の力があるかどうかは、平地の安全な場所で、ハンドルから少し手を浮かせればわかります。十分に体幹が安定していれば、そのままでも走れるでしょう。逆にとても不安定になるなら、体幹が弱いか重心の位置がおかしいかのいずれか、あるいは両方です。

意識しづらい体幹を鍛えるには年単位の時間がかかりますが、トレーニングそのものはシンプルで、それは「正しいフォームで走ること」です。体幹の筋肉を使ったペダリングができていれば、当然ですが体幹は自然と鍛えられます。私もロードバイクに乗りはじめてから、かなり上半身にも筋肉がつきました。

平地を走るのもトレーニングになりますが、勾配のきつい激坂を上るのは特にお勧めです。体幹が安定していないとバランスが崩れるため、自ずと負荷がかかるためです。

プランクなど体幹を鍛えられる筋力トレーニングもあり、私も一時期は行っていましたが、あくまで補助的なものと考えたほうがいいでしょう。筋トレというより、体幹の筋肉をイメージしづらい方が、そこに負荷をかける感覚を知るための手段、という感じです。

なお、もし筋トレを行うなら、プランク、サイドプランク、スクワットがお勧めです。腹筋ローラーは最低限の筋肉がないと正しくできないので、特に腰が弱い人は注意してください。

ポイント

- 体幹は主に身体の深い筋肉で構成され、意識しづらいため鍛えるのが難しい。ハンドルから手を浮かせて走れるかで簡易的にチェック可能
- 正しいフォームで走っていれば徐々に体幹は鍛えられる。特に激坂を上ることは効果的

プランク

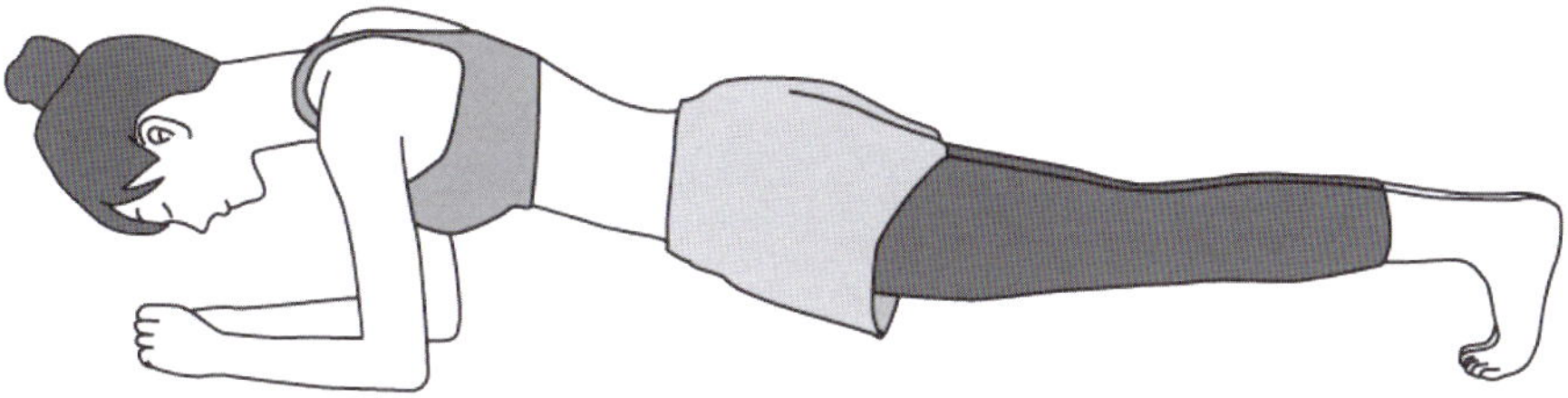

イラストのようにひじをつき、身体を板(プランク)のようにして数十秒耐える。もっとも基本的な体幹トレーニングだ。

アドバイス

私はもともと腕立て伏せができなかったのですが、ロードバイクに乗っているうちに腕の筋力も強化されました。体幹も同じで、正しいフォームで乗ることが一番のトレーニングです。

上りでもケイデンスをキープ

◎ペダルを踏みしめない

フォームについて解説したところで、ペダリングの話に移ります。ヒルクライムについて、この10年ほどで一番大きく変化したのはケイデンスではないでしょうか。

昔のプロのレースの映像を見ると、上りではペダルを踏みしめるように走るのが普通でした。昔のロードバイクは軽いギアが装着されていなかったため、低速になる上りでは極端にケイデンスが低くなる傾向があったのです。

しかし近年のロードバイクは、一昔前では考えられないくらい軽いギア比が用意されています。私の場合、一番ギア比を軽くすると、フロント（インナーチェーンリング）は36Tでリア（スプロケット）は34T。ほとんど1：1のギア比が実現しています。

ギア比が軽くなったため、今のヒルクライムでは平地と変わらないケイデンスを維持したまま走れます。

私の場合、ヤビツ峠を上るときの平均ケイデンスは85回転／分ほど。リラックスして上ってもよほどの急こう配でないかぎり70回転を切ることはありません。

「上り＝低ケイデンス」を連想しがちですが、平地よりもケイデンスを下げなければいけない理由はありません。機材上の制約からそうなっていただけです。脚へのダメージを考えるなら、平地同様のケイデンスで上った方が間違いなくいいでしょう。

ポイント

- ◉ 近年のヒルクライムでは、軽いギア比が実現したことにより平地と同様の高いケイデンスで走ることが可能になった
- ◉「上り＝低ケイデンス」という固定観念は機材上の制約から生まれたもの。高ケイデンスのほうが脚への負担を軽くできる

上りでのギア比

フロント(インナーチェーンリング)とリア(スプロケット)の歯数の比によってギア比が決まる。近年のロードバイクでは1:1に近い軽いギアが用意されていることが多い

アドバイス

勾配がきつくなるほどケイデンスも下がる傾向がありますが、それでも80回転くらいは維持しています。上りでも「踏む」より「回す」ほうが絶対にラクですよ!

上りのペダリングは平地より簡単

◎上りではペダルにトルクをかけやすい

ケイデンスが下がりすぎないように意識すれば、上りでのペダリングは平地よりもむしろ簡単です。それは、重力によって後ろに引っ張られるため、ペダルにトルクをかけやすいから。

ペダリングでは、極端に書くと推進力となる足のトルクがペダルに360度かかり続けるのが理想です。しかし平地では慣性によってホイールが回り続けるため、「すかっ」と、トルクをペダルに伝えられないこともしばしば起こります。足が空振りするイメージです。

ですが、上りではその慣性の力が弱くなるので、多少踏み遅れてもペダルに推進力を伝えやすいのです。

ただし、下死点付近でペダルを踏んでも推進力にはなりません。したがって、5〜6時付近を除くほぼ全周にわたってペダルにトルクを加えるのが理想的なヒルクライムのペダリングです。

推進力となるトルクがペダルにかかっていると、チェーンがピンと張りますよね。平地のペダリングではトルクが抜けてチェーンがたわんだりしますが、上手な人の上りのペダリングでは常にチェーンが張った状態を維持できます。

上りのペダリングに慣れていないと、「ぐっ、ぐっ」と特定の位置でしかペダルにトルクをかけられません。そういうペダリングのリズムにあわせてチェーンが定期的にたわみます。チェーンの張りを意識して、ペダルをていねいに回してみてください。

ポイント

- 上り坂では慣性が弱まるため、平地よりもペダルにトルクを伝えやすく、ペダリングは簡単
- ヒルクライムではペダル全周にトルクをかけ続けることが理想。そのためにはチェーンの張り具合を意識すると効果的

チェーンの張りとペダリング

リアホイールに推進力が伝わっている状態ではチェーンリングとスプロケットとの間のチェーンが張りつめる

アドバイス

難度が高いイメージがあるヒルクライムも、ペダリングだけは実は平地より簡単なのです。その分、フォームに気を使って走りましょう。

補助輪付きの自転車が進まない理由

◎車体は左右に揺れている

ここからは立ちこぎ、いわゆるダンシングの話に移ります。

ダンシングはヒルクライムではとても重要なスキルなのですが、きちんと習得している人がとても少ないです。中級者と上級者を隔てる一つの壁だと言ってもいいでしょう。身に着けるためのイメージを、重要で基本的なことからお伝えしていきます。

さて、変なことを聞きますが、**ロードバイクに補助輪がついていたら、バイクが安定してよく進むと思いますか？** 子どものころにお世話になったであろう、後輪を支えるあの補助輪です。

子どものころを思い出してみてください。補助輪がついている自転車はとても安定していますが、進みは悪かったはずです。それは、補助輪があることで左右に倒れないからです。

直進するロードバイクを前から見ると、微妙に蛇行し、車体はペダリングに合わせて左右に傾いています。つまり、**ロードバイクは「揺れることで進む」乗り物なのです。**

それはシッティングでもダンシングでも変わりませんが、サドルからお尻を浮かすダンシングではより顕著です。「上手にバイクを振ることができる」のがいいダンシングです。

ただし、バイクを振ればなんでもいいわけではありません。無駄に振れることはマイナスになります。そこにダンシングの奥深さがあるのです。

ポイント

- ダンシングはヒルクライムでとても重要なスキル。中級者と上級者を隔てる壁にもなっている
- ロードバイクは揺れることで進む乗り物であり、ダンシングではバイクを上手に振ることが大事

補助輪

自転車が倒れないように後輪に装着する補助輪。左右に倒れなくなるが、自転車は進みにくくなる

アドバイス

実は私も、乗りはじめて3、4年はダンシングを使わず、シッティングばかりでした。ダンシングを使う理由がわからなかったのです。しかし今ではその重要さを理解しました。

ダンシングでバイクを振るのはなぜ？

◎ 体重をペダルに乗せるダンシング

ダンシングの一つの定義は「体重をペダルに乗せて推進力に変えるフォーム」です。サドルに座っているとそちらに体重が逃げますから、立ち上がるわけです。

ここで考えていただきたいのですが、バイクを一切振らずにダンシングをしようとするとどうなるでしょうか？　やっていただくとわかるのですが、身体が上下します。

しかし、重い身体を上下させるのは、明らかに無駄です。その上下運動は推進力にはならないのに、かなりのエネルギーを消費するからです。

では身体の上下運動を抑えつつ、体重をペダルにかける漕ぎ方はないでしょうか？　ありますます。それがバイクが左右に振れることです。

左ページの写真を見ていただきたいのですが、右足が上死点にあり、今まさに体重をかけて踏み込もうとしているのですが、バイクが右側に倒れていますよね。そのことによって、上死点の位置が低くなっていることがわかるでしょうか。

このように、ダンシングでバイクを振る理由の一つは、上死点の位置を下げることで身体の上下運動を抑えられるからです。

さらには、ダンシングでは足でペダルを踏みつつ、同時にその反対側にバイクを倒しますから、左右のバイクの振れがペダリングの助けにもなります。上半身の力もペダリングに使えるのがダンシング、と言ってもいいでしょう。

ポイント

- ダンシングの利点は、バイクを左右に振ることで身体の上下運動を抑え、体重を効率的にペダルにかけることができること
- ダンシングでは、ペダルを踏み込むと同時にバイクを反対側に倒すことで、左右の振れがペダリングを助け、上半身の力も活用できる

上死点の位置が低くなる

右足が上死点にあるが、バイクが右側に倒れていることで上死点の位置が低くなっていることがわかる

アドバイス

乗りはじめたころの私は、まったくバイクを左右に振らずにダンシングしていました。だから全然楽ではなく、「ダンシングって疲れるだけだなあ」と感じていたのですが、いま思うと当然の話ですよね。

ダンシングこそ身体の芯が大事

◎芯はまったくブレない

P122で身体の芯の解説をしましたが、身体がブレやすいダンシングでは、シッティング以上に芯を維持することが大事です。

左の写真を見ていただきたいのですが、これほどバイクが左右に振れていても、頭の位置は変っていません。常にバイクの中心線の上に位置しています。

また、上体の高さも変わっていないことがわかると思います。上体が上下するのは無駄な動きですが、体幹が安定していればそれは避けられます。

この時重要なのは、体幹はハンドルで支えているわけではないことです。体幹が安定していて、かつ重心の位置が正しければ、ハンドルで支えなくても大丈夫なのです。ダンシングをしている時でもハンドルには体重はほとんどかかっていません。

ハンドルを使わずにどうやってバイクを左右に振るの？　と思われたかもしれませんが、実は「バイクを左右に振る」のではなく、「自然と左右に振れる」のが正しい表現です。

先ほどの補助輪の話を思い出してください。ロードバイクは左右にブレながら進む乗り物なのです。だから、ハンドルを握って意図的に左右に振らなくても、きちんとダンシングができていれば、バイクは自ずから左右に振れます。ダンシングではシッティングよりも体幹の安定が重要です。体幹が弱いと、ハンドルで体幹を支えたり、無駄に左右にバイクを振ることになり、とても不安定で非効率的なダンシングになってしまいます。

これは複雑な話なので、まだまだ続きます。

ポイント

- ダンシングでは、体幹を安定させることがシッティング以上に大切。体幹が安定していれば、バイクが左右に振れても頭と上体の位置は変わらない
- ダンシングでのバイクの左右の動きは自然なもので、意図的にハンドルで振るものではない。体幹が弱いとバイクを不必要に振り、非効率なダンシングになる

安定した上体

バイクに対する頭の上下・左右の位置はほぼ変わっていない。また、上体の高さも安定している

アドバイス

体幹が弱い人のダンシングは、横から見ると上半身が上下にひょこひょこしています。プロのダンシングとご自身を比べて見てください。

身体をひねるダンシング

◎身体の下の空間をキープ

パート3でお伝えした「身体とバイクの間にボールを抱える」ことも、ダンシングではシッティング以上に大事です。

ダンシングでもお腹と胸の下に常に空間を維持するように心がけてください。それがないと、身体が上下に動いてしまいます。

サドルの支えがないダンシングで一番難しいのは、左右のペダリングの「つなぎ目」です。たとえば右足でペダルを踏むと、次には左足で踏むために姿勢を変えるわけですが、そこがもっとも難しい。身体が上下しやすいのもこのタイミングです。

身体の上下を防ぐためには頭の位置を変えないことを意識するといいのですが、同時に忘れないでいただきたいのは、ペダリングは全身の運動だということです。特にダンシングはシッティング以上に全身運動ですから、身体が固くなってしまうのは非常にまずいのです。

そこでダンシングのときには、頭の位置を保つように意識しつつ、背筋と腹筋を使い、身体をねじるようにペダリングするイメージを持ってください。

身体の中心を通る芯をしっかり保ちつつ、ねじるように、左右の脚をクロスさせるように上半身を動かします。とくに脚を引き上げるときには、体幹の力を使うことが実感できるはずです。

これはかなり難しいのですが、ここまで解説してきた重心の位置や身体の芯のイメージを身に着ければ、スムーズなダンシングができるようになるはずです。

ポイント

- ◉ ダンシングでは、身体が上下しないようにお腹と胸の下に空間を作ることが重要。左右のペダリングの「つなぎ目」で身体の上下運動を防ぐために、頭の位置を保つことを意識する
- ◉ ただしダンシングは全身運動なので、身体を固くしてはいけない。背筋と腹筋を使い、体幹の力で身体をねじるようにしながらペダリングする

頭の位置を保ちながら身体をねじる

お腹の下の空間を保ち上体を安定させながら、身体をねじるようにペダリングをする

アドバイス

シッティングとダンシングはかなりの共通点があります。シッティングが上達すれば、ダンシングも同じく上手になるでしょう。

「丹田」をBBの上に

◎ダンシングでは身体が伸びがち

さて、ここまでの話を踏まえて改めてダンシングのフォームについて解説しましょう。

力まないよう腕はリラックスし、ハンドルは軽く持つだけ。重心の位置を保ちながらダンシングをすれば自然とバイクが左右に振れますから、腕の力で振る必要はありません。

ダンシングで重要なのは横から見たときのシルエットです。多くの方は、ハンドルに荷重し、重心がかなり前に出てしまっています。

さらに、苦しいためかあごが出て、背中が伸びきっている人が多い。全体として身体が縦に伸びてしまっているんですね。

この姿勢になると、ペダリングのたびにひょこひょこと身体が無駄に縦に動くことになります。それに、重心が前すぎるのでペダルの踏み始めが遅くなり、体重が十分に推進力に変換されません。

まず、重心が前に出すぎないよう、お尻の前後位置を意識してください。多くの人はお尻がBBよりも前にありますが、それでは前すぎます。へそ下10センチほどにある「丹田」がBBの真上くらいに来るのが適正な位置でしょう。

それと、背中が伸びないように。背中が伸びてしまうと背筋が固くなり、身体のしなやかな運動が妨げられます。体幹の芯を意識し、一定の緊張としなやかさを維持してください。あごを引くイメージを持つことも、背中が伸びるのを防ぐためには有効です。

ポイント

- ダンシングでは力まないように腕をリラックスさせ、ハンドルを軽く持つ。重心を適切に保つことで、自然とバイクが左右に振れるため、腕の力で振る必要はない
- 重心が前に出すぎないよう、お尻の位置をBBの真上に保ち、背中が伸びないようにする。背中が伸びると身体のしなやかな運動が妨げられるため、あごを引くイメージで

ダンシングの注意点

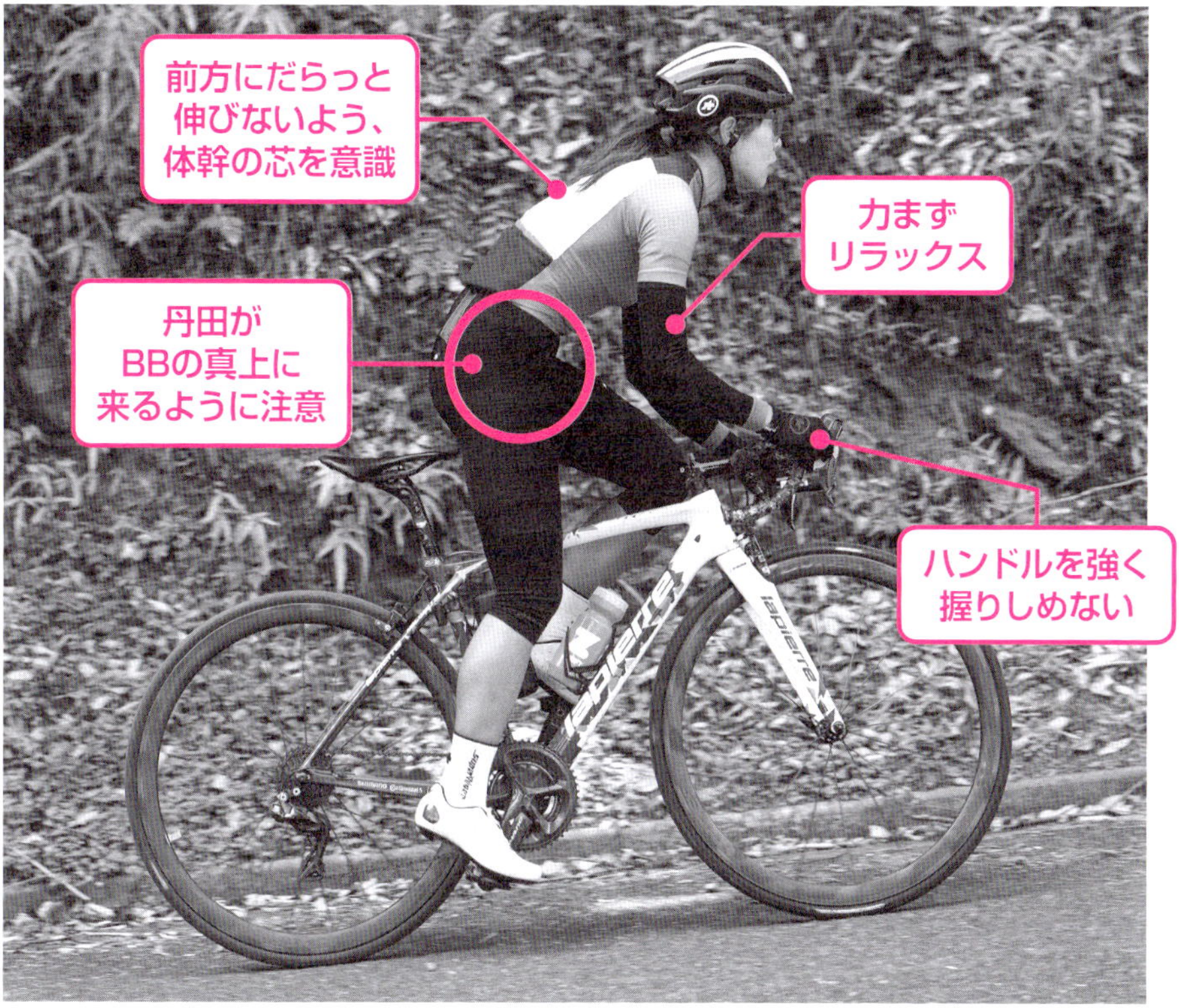
前方にだらっと
伸びないよう、
体幹の芯を意識
力まず
リラックス
丹田が
BBの真上に
来るように注意
ハンドルを強く
握りしめない

重心の位置を保ち、身体が前方に伸びないように注意する

アドバイス

上手なダンシングは、身体の上下運動が非常に少ないのが特徴です。ペダリングのたびに身体が沈み込む人は、体幹が不安定になっています。

ペース配分は尻上がりに

◎最初の目標は脚を着かないこと

ヒルクライムの最初の目標は、その峠を足を着かずに上り切ること。そしてそのために大切なのが適切なペース配分です。

タイムのことを考えるのはもっと後で大丈夫です。それに、いいタイムを出すためにもペース配分が重要ですから、きちんと上り切ることはいいタイムを出すことにもつながるのです。

ペース配分の大原則は、適正ペースで上りはじめ「ない」こと。最初から「ちょうどいい」と感じるペースでは、後半は確実に失速します。

序盤は、全力の80％くらいのイメージで、不安になるくらい遅いペースで上りはじめましょう。もちろんフォームとケイデンスはしっかり意識してください。具体的には、「キツイけれど人と話せる」くらいのペースです。パワーなら、1時間継続できる最大の平均パワーであるFTP（Function Threshold Power）よりはっきり下です。

そうやって走っているうちに、だんだんとペースが上がってきて苦しくなるはずです。それはやむをえませんが、まっすぐ走れずふらつくようでは明らかにオーバーペースです。

そして、頂上が近づくにつれペースは上がり、ゴールする瞬間に100％に達するくらいが上手なペース配分です。つまり全体として尻上がりになるんですね。

タイムを狙う場合は、全体としてペースが10％増しになるくらいのイメージです。ペース配分が尻上がりである点は変わりません。

ポイント

- ◉ヒルクライムの最初の目標は、足を着かずに上り切ること。そのためには適切なペース配分が重要になる
- ◉ペース配分の基本は序盤を全力の80％程度の余裕のあるペースで走り、尻上がりにペースを上げること。

足を着かずに上り切るためのペース配分イメージ

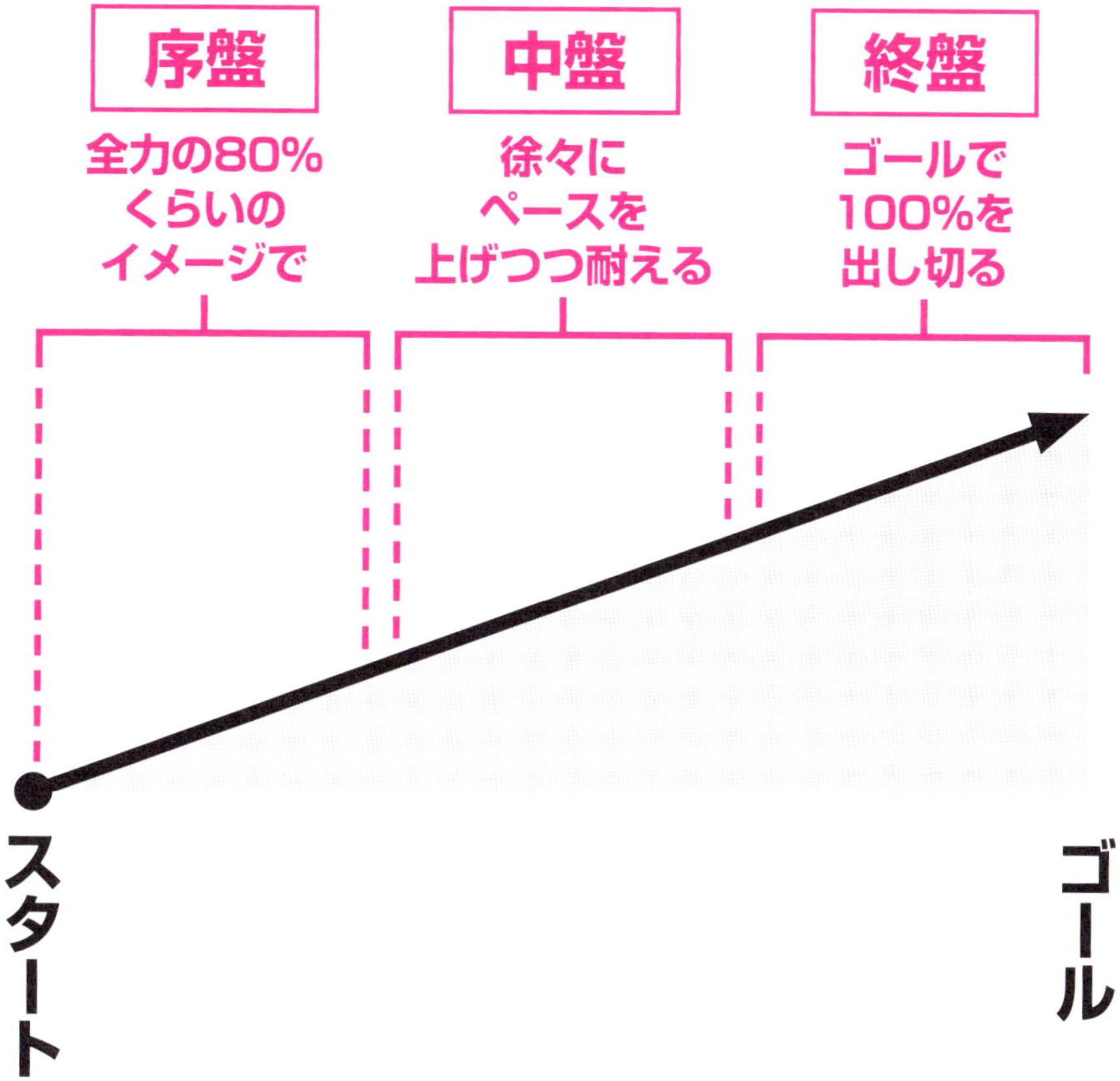
序盤
全力の80%くらいのイメージで
中盤
徐々にペースを上げつつ耐える
終盤
ゴールで100%を出し切る
スタート
ゴール

序盤は抑えめに入り、徐々にペースを上げ、ゴールと共に100%の全力に達するくらいのイメージ

アドバイス

初心者の方は100%と言っていいほどオーバーペースに陥ります。ですから最初は「こんなに遅くていいの?」と感じるくらいゆっくり上りはじめましょう。ただ、それでも多くの人はオーバーペースに入ってしまうと思います。

一度オールアウトを経験してみる

◎自分の限界を知ってみる

慣れていない方にとってのペース配分は簡単ではないと思います。その理由の一つは、自分の限界を知らないこと。「全力の○%で」などと言われても、そもそも自分の全力がどのくらいなのかを知らない人が多いのではないでしょうか。

全力を出し切ることを「オールアウト」と言いますが、どのくらいがご自分にとってのオールアウトなのかは、やってみなければわかりません。

心拍数は体調による変化や個人差が大きいのでオールアウトの目安にはなりませんし、パワーも同様です。なによりも、何ワットがあなたにとってのオールアウトに相当するのかは、一度オールアウトまで到達しなければわかりません。

だから結局のところ、オールアウトは経験してみるしかありません。単に「辛い」「苦しい」だけではオールアウトとは言えません。肺が焼けるように痛くても、脚がちぎれそうになっても、意外と耐えられたりするものです。

体調に問題がなく、モチベーションも高いときに一度、全力で峠を上ってみてください。たぶん上り切る前に限界に達してペースを維持できなくなってしまうと思うのですが、それがおそらくオールアウトです。そこを超えることなく、かといってペースを下げすぎることもなく、ギリギリのラインで耐えるのがタイムアタックの後半のポイントです。

ポイント

- ペース配分が難しい理由の一つは、自分の全力の限界を知らないこと。オールアウトがどの程度かは実際に経験してみなければわからない。
- オールアウトは、体調やモチベーションが問題ない時に全力で挑戦することで確認できる。その限界を超えず、ペースを適切に維持することがタイムアタックの後半では重要。

パワーメーター

出力を数値化できるパワーメーターや心拍計はパフォーマンスの目安になる。しかし、どこで限界であるオールアウトに至るかを数値化するのは難しい

アドバイス

ペース配分の基本は「尻上がり」ではありますが、5分以内に上れるような短い峠では最初からオールアウトギリギリの強度で突っ込み、最後まで粘ることもあります。そういう峠でも自分の限界を知っていることが前提になります。

「メンタルのペース配分」も忘れずに

◎最初と最後は楽

ここまで書いてきたようなペース配分や強度の話は、いずれもフィジカルの問題です。実際にヒルクライムに挑むときには、フィジカル以上にメンタルが重要なのですが、それはあまり触れられてきませんでした。

たとえば同じ300Wの出力でも、山頂のゴール直前で出すのと、まだまだゴールが遠い中盤で出すのとでは苦しさが違いますよね。このように、フィジカルとは別に「メンタルのペース配分」も忘れてはいけません。

どんな峠でも最初と最後は楽です。最初はまったく疲労していませんし、最後、ゴールまでの数百mくらいは出し切るだけですから、フィジカルは苦しくてもメンタルはそれほど辛くありません。

問題はそれらを除いた長い中盤です。心が折れそうになる中盤でメンタルをどう維持できるかがカギを握ります。

その中盤を乗り切るポイントは、「人間は苦しさには慣れる」ことを知っておくことです。痛みでもストレスでも同じなのですが、苦しさの程度が変わらなければ、人はそれに徐々に慣れていき、主観的にはちょっと楽になっていきます。経験がおありなのではないでしょうか。それはたぶん、人間は未知の苦しさには恐怖を覚えるけれど、すでに知っている苦しさに対しては「こんなもんさ」という気分が働くからではないでしょうか。

したがってヒルクライム中のメンタルは左ページのように推移するようです。中盤は苦しいけど、ガマンしていればやがてちょっと楽になるということです。

ポイント

- ◉ ヒルクライムではフィジカル以上にメンタルが重要。特に中盤のメンタルの維持がカギ
- ◉ 人は苦しさに耐えるうちに慣れてくるため、フィジカルとは別に、メンタルは主観的には少し楽になることが期待できる

主観的な「きつさ」の推移

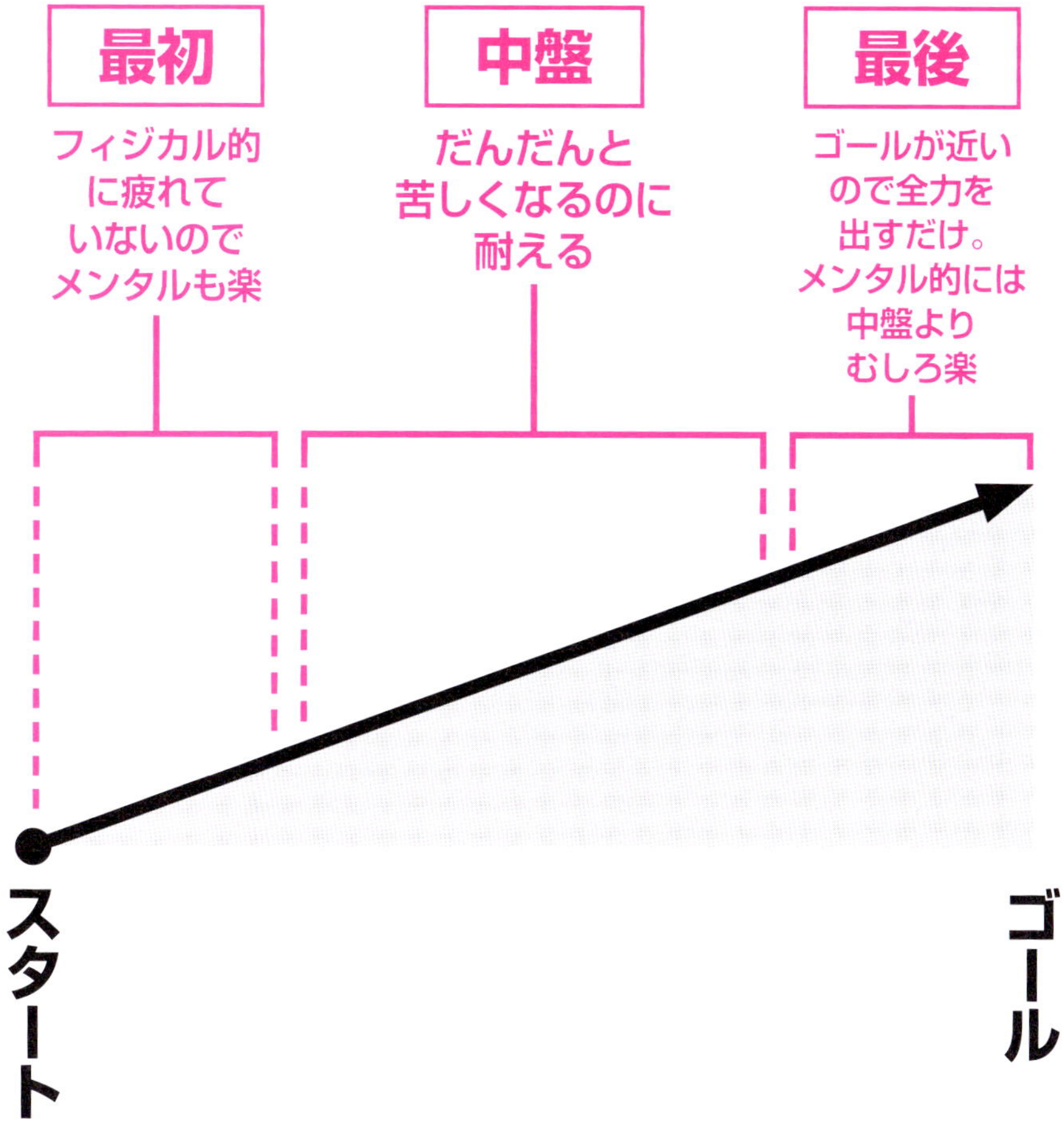
最初
フィジカル的に疲れていないのでメンタルも楽
中盤
だんだんと苦しくなるのに耐える
最後
ゴールが近いので全力を出すだけ。メンタル的には中盤よりむしろ楽
スタート
ゴール

最初と最後はメンタル的にはラク。苦しい中盤は、ギリギリのラインで耐えていれば少しだけ苦しさが和らいでいく

アドバイス

根性論になってしまいますが、「あと5キロだけ」と思うのと「まだ5キロもある」と捉えるのでは、主観的な苦しさが随分変わります。自分を上手にだますのがヒルクライムのコツです。

ギリギリのときほどフォームを大事に

◎苦しいほどフォームが乱れる

先ほど書いたように、ヒルクライムでは苦しさに耐える時間があり、そこをどう乗り切るかが重要です。そして単に耐えるだけではなく、そこにもテクニックがあります。

一つは、フォームを整えること。「ダメだ、もう限界だ」とオールアウトが近づいてくると、必ずフォームが乱れます。肩や腕に力が入ったり、上体が潰れていたり、ケイデンスが保てなくなっていたり。苦しさにばかり意識が向いてしまうので忘れがちですが、先にフォームが崩れているはずです。

苦しい状況でフォームなんか意識していられない、と言われそうですが、そういう状況のときこそフォームを整えてください。本書に記したように、無駄な力みを排除し、身体の芯を整えて体幹を安定させ、全身を連動させてペダリングしてみましょう。

すると、苦しいことに変わりはないのですが、オールアウトを迎えるまでの時間に、10秒や20秒くらいの、ほんのわずかな余裕が生まれるはずです。きれいなフォームとはもっとも楽なフォームでもあるからです。

もちろんフォームを整えても間もなくまた乱れてしまうのですが、そうなったら再び整えましょう。私の場合、本当に苦しい時間帯は、フォームが乱れる→整える、という作業を繰り返しています。注意したいのは、主観的には乱れたフォームでがむしゃらに走っているほうが「がんばっている感」を覚えてしまうことです。しかしそれは幻想で、客観的なタイムを見れば整ったフォームの方が速いことがわかるはずです。

ポイント

- ◉ ヒルクライム中の苦しい時こそ、フォームを整えることが重要。フォームが乱れると無駄な力が入り、パフォーマンスが低下する
- ◉ 苦しい時こそフォームを整えると、オールアウトまでの余裕が生まれ効率的

苦しいときこそフォームを意識

肩から腕にかけてリラックス。ハンドルを握りしめない
身体の下に空間を確保し、上体が前に潰れないように
ケイデンスが下がらないように意識

苦しくてフォームが乱れがちな時こそ、肩から腕、お腹の下の空間、ケイデンスなどを意識して整えよう

アドバイス

ヒルクライム中の苦しい時こそ、フォームを意識して整えましょう。無駄な力みを排除し、身体の芯を安定させることで、オールアウトまでの余裕が生まれ、効率的に走ることができます。

苦しさにフォーカスしない

◎フォームと景色を意識する

他に苦しさを攻略する方法としては、「苦しさ」に意識を向けないことも大事です。フォームを意識して整えることは、苦しさから意識を背ける意味もあります。

強度が高く、フィジカル的にはとても苦しいはずなのに気持ちよく走れてしまうことがありますよね。そういう経験を振り返っていただきたいのですが、意識は苦しさではなく、気持ちよさとか風景とか、他のものに向けられていたはずです。

逆に、苦しくて気持ちが折れそうになる時は、苦しいからますます苦しさに意識を向けてしまうというふうに、負のサイクルに入っています。

苦しさ以外にフォーカスすべきことというと、呼吸も挙げられます。私は苦しくなるとフォームだけでなく呼吸も整えるよう意識します。

基本的には、鼻で吸って口から吐くのが私の呼吸です。ある時気づいたのですが、口から吸って口から吐く口呼吸だと、どんどん心拍数が上がってしまうのです。呼吸が浅くなり、肺の深いところまで酸素が入ってこないイメージです。

実際、フォームも乱れてふらふらになっている状態だと、口呼吸でゼイゼイ言っている人が多い印象があります。

鼻からの吸気のほうが深く息を吸えますし、気分も落ち着きます。苦しさから意識を「外す」ときには、呼吸に気を配ってみてください。

ポイント

- 苦しさを感じる時は、意識を苦しさから背けることが重要。フォームを整えたり景色に集中することで、苦しさから意識を逸らすことができる
- 呼吸を意識することも苦しさを乗り切る方法の一つ。深い呼吸を心がけるために、鼻で吸って口から吐くようにすると、気分が落ち着き、効率よく酸素を取り入れられる

呼吸を整える

鼻で吸って口から吐くリズムを維持することで、落ち着いた深い呼吸ができる。背中をリラックスさせることも重要

アドバイス

深い呼吸をするためには、「背中を開く」ことも意識しています。吸気のときにお腹側だけでなく、背中も含ませるイメージです。そのためにもやはり、背中がある程度柔軟である必要があります。

勾配が緩んだら踏む

◎勾配がきついなら抑える

ほとんどの峠では、途中で勾配が変化します。そして中級者と上級者のスキルの差が大きく出るのが勾配の変化の攻略です。

多くの方は、勾配が厳しいほどペースを上げてしまいます。そして勾配が緩むとほっとしてペースを落とします。

しかしこの走り方ではいたずらに疲労するばかりです。勾配が厳しいところでいくら頑張っても、絶対的なスピードが低いためほとんど速度は変わりません。逆に、勾配が緩いところはスピード差が出やすいので、休んでしまうのはもったいないのです。

勾配がきつくなる箇所でペースを上げてしまうのは、同じスピードを維持しようとするためです。しかし勾配が厳しくなると同じ速度でも必要なパワーが一気に増えるため、気付かないうちにペースが上がってしまうというわけです。そういうところでは意識してペースを落としてください。

逆に勾配が緩んだら、意識してペースを「維持」してください。勾配が緩くなるわけですから、自然とスピードは上がるはずです。もし勾配が緩くなっているのにスピードが変わらなかったら、それはペースが落ちてしまっていることを意味します。

ですが、大半の人は勾配が緩んだことに安心して脚を緩めてしまいます。気持ちはわかりますが、ここは大きな差が出るところです。勾配が緩むのが見えたら、その直前で軽く踏んでペースを取り戻すようにしてみてください。

ポイント

- 勾配が厳しい箇所でペースを上げ、緩い箇所でペースを落とすと、無駄に疲労するだけで効率が悪い
- 勾配が厳しいときは意識してペースを落とし、緩くなったらペースを維持することで効率的に走れる

勾配の変化を攻略する走り方

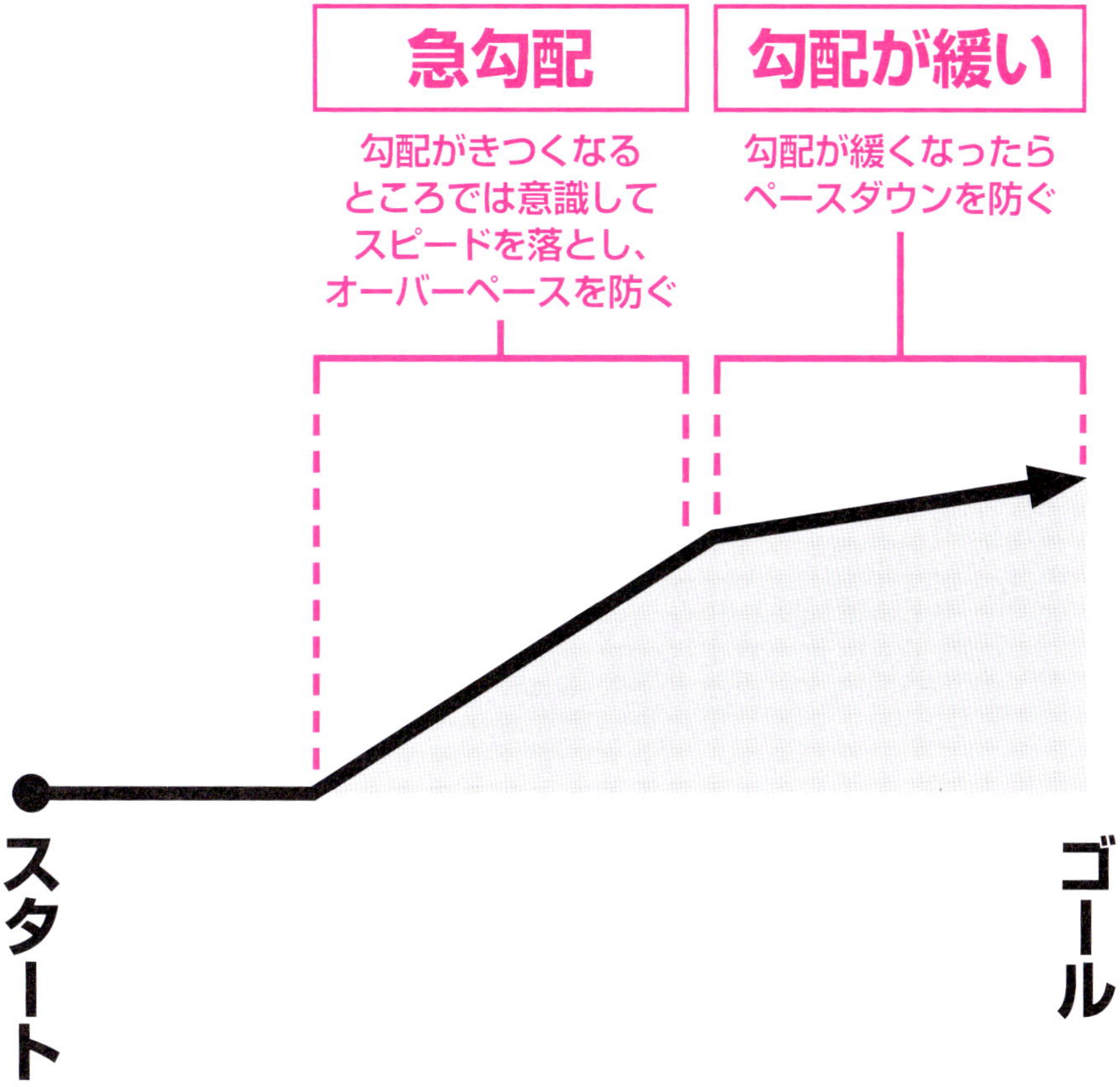
急勾配
勾配がきつくなるところでは意識してスピードを落とし、オーバーペースを防ぐ
勾配が緩い
勾配が緩くなったらペースダウンを防ぐ
スタート
ゴール

勾配が厳しくなったらペースを落とし、勾配が緩んだらペースを維持したままスピードを上げる

アドバイス

勾配が緩む場所や上り切りでちゃんとペースを維持してスピードを上げることは上級者でも苦手な人がいます。これができるようになるとタイムを一気に縮められますよ。

トレーニングも「楽しく」が大事

◎続かなければ意味がない

ヒルクライムについて解説したこのパートで、トレーニングに触れなければ不十分ですよね。最後に速くなるための方法についてお伝えしておきましょう。

世の中にトレーニング方法は数あれど、その本質はたぶん一つだけで、「継続は力なり」です。どんな素晴らしいトレーニングも続かなければ意味がありません。

とくにロードバイクのトレーニングは時間もかかるため、モチベーションを維持する重要性はとても大きい。最低でも1～2カ月は続けなければ効果は表れません。

簡単に書くと、楽しくないトレーニングは続かなく、続かないトレーニングでは速くなれないということです。

始めは「自分はトレーニングをしているぞ」という意気込みだけで走れるかもしれませんが、まもなく三日坊主の誘惑にかられることになります。そのときに抗う材料をあらかじめ用意しておかなければ、トレーニング計画はすぐに終わってしまうでしょう。そしてその「材料」が、「楽しさ」なのです。

まだ本格的なトレーニングをしたことがない人は、強度など細かいことは考えず、単に楽しく走るだけで十分な効果があります。ですから、ここまで書いたように楽しく走れる環境を整えることが、そのままトレーニングになると言っても過言ではありません。

特に私は「トレーニング」として走ることが苦手なので、あくまで楽しく走れることに主眼を置いてきました。

ポイント

- どんなトレーニングでも「継続は力なり」が本質であり、続かなければ意味がない。最低でも1～2カ月は続けることが重要
- トレーニングを続けるためには「楽しさ」が不可欠であり、楽しく走れる環境を整えることで自然とトレーニングにつながる

楽しむ＝速くなる

科学的トレーニングが注目されがちだが、トレーニングは継続できないと意味がない。そのため、楽しむことがもっとも重要だ

アドバイス

距離やパワーなど数値化された「義務感」は、短期的にはモチベーションを上げてくれるのですが、長期的にはあまり効果を発揮しない印象です。結局、楽しむことが最強のトレーニングなのです。

トレーニングの3段階

◎走りの強度分類

トレーニングでは「強度」がキーワードです。強度とはトレーニングのきつさのことですが、今はパワーを測るパワーメーターによって非常に細かく、7段階ほどにわけるのが主流になっています。ただ、パワーメーターは高価ですし、プロではないサイクリストがそこまで細かく分ける必要があるかも疑問です。実は私も今はあまりパワーを気にしなくなっていますが、そういうホビーレーサーは多いと感じます。思うに、トレーニング強度の分類は次の三つあればほとんどの方は十分でしょう。

まず、「ちょっとがんばる」強度。会話しつつ走れるくらいのゾーンで、いわゆるLSD（Long Slow Distance）とほぼイコールです。何時間でも走れる強度ですが、サイクリストとしての基礎力を養うとても重要なゾーンです。この強度で走り込むことは、速くなるためには欠かせません。また、それほど苦しくないためフォームや身体の使い方に意識を向けられる点でも重要ですね。

次に、「がんばる」強度。ちょっと会話は厳しく、息も上がってくる強度です。トレーニングでいうFTP（Functional Threshold Power：1時間継続できる上限パワー）や、その少し下のSST（Sweet Spot Training）に相当します。ヒルクライムのタイムを縮める上でもっとも重要なゾーンです。

さらに上に「超がんばる」ゾーンがあります。これは数秒から数分程度の全力走で、ロードレースで勝利を狙うなら必要ですが、ヒルクライムに主眼を置くならいったんは考えなくていいでしょう。

ポイント

- **トレーニングの強度は、会話ができる「ちょっとがんばる」、会話が厳しい「がんばる」、全力走の「超がんばる」の3段階に分ければ十分**
- **ヒルクライムで重要になるのは下の2つの強度。とくにFTPやSSTが効果的**

トレーニングの3つの強度

高強度

超がんばる

- 数秒のスプリントから数分の全力走
- ロードレースの勝負所では重要
- ケガや故障のリスクも多いので初心者には不要

がんばる

- 理論上は1時間程度継続できるギリギリの強度
- 実際はかなり苦しく、ほぼしゃべれない
- まずは5分〜10分くらいからはじめる

ちょっとがんばる

- 話しながら走れるくらいの強度
- 何時間でも継続可能
- 基礎体力を養う、とても重要なゾーン。この強度での走り込みが大事

アドバイス

強度を測ったり細かく分けたりするのはトレーニングの「手段」であって目的ではないのですが、それが逆転してしまっている人も多い気がします。重要なのは走ることであって、強度分けではありません。

タイムを縮める3カ月トレーニングプラン

◎低強度から高強度へ

明らかに「速くなった」と実感を得るためには、少なくとも3カ月くらいは必要です。

前半の6週間は、主に低強度での乗り込みで基礎を強化してください。「ちょっとがんばる」ゾーンをメインに、週に6〜10時間くらい走れれば、前半だけでも変化を感じられるでしょう。

ただ、このゾーンだけで走っていると飽きが出てきますから、前半6週間の後半になったら、たまに「がんばる」ゾーンの走りも入れていきましょう。といっても、数分くらいで十分です。

後半の6週間では、「がんばる」ゾーンがメインになります。 基本的な強度は前半と同じ「ちょっとがんばる」ゾーンで、そこに上のゾーンを追加する形です。

「理屈上は」1時間ほど継続できる最大パワーである「がんばる」ゾーンは、ヒルクライムレースやタイムアタックでの強度とほぼ同じです。つまり本番に近いわけですから、このゾーンが重要だということです。

ただし、このゾーンはかなり苦しく、いきなり1時間もやるのは難しいでしょう。そこで、時間を「小分け」にして徐々に慣れさせることがポイントです。

まずは、5分くらいからはじめてください。それを、1回のライドに2〜3回組み込めるといいですね。つまり5分×2〜3回ということです。

その後徐々に1回あたりの時間と繰り返す回数を増やしていきます。そして最終的に、本番と同じだけの時間「がんばる」ゾーンが維持できるようになったらゴールです。

ポイント

- 速くなるには少なくとも3カ月が必要で、前半の6週間は低強度の「ちょっとがんばる」ゾーンで基礎を強化することが大切
- 後半の6週間は「がんばる」ゾーンを取り入れて、短時間から始め、徐々に時間と回数を増やして本番と同じ強度に慣れさせる

低強度メインの前半から強度を上げる後半へ

前半6週間

- 低強度の「ちょっとがんばる」ゾーンで乗り込み
- 体力の基礎と、フォームを洗練させることが狙い
- 数分程度なら上のゾーンを追加してもOK

後半6週間

- 上の「がんばる」ゾーンを鍛える期間
- 「がんばる」ゾーンはレースやタイムアタックの強度とほぼ同じ
- 時間×回数を小分けにして、徐々に増やし、本番や目標に近づけていく

アドバイス
「がんばる」ゾーンがメインになる後半は、走行距離自体は前半より減ります。しかし後半の方が疲労が溜まりやすいので、身体をよく観察して休憩を大事にしてください。

篠の
コラム
日本縦断ギネス世界記録挑戦レポート④

ピンチを救ったハンバーガー

こうして始まった日本縦断ですが、1日目はちょっとだけ熱中症気味になりつつも436キロを走り終えました。一日目から早くもヘトヘトですが、ヘトヘトになるだろうと思っていたので特に落ち込むことはありませんでした。翌朝、身体が異様にむくんでいるのも気になりましたが、まあ400キロも走ればそういうこともあるでしょう。

しかし、2日目は大変でした。交通量が多く、大型トラックもバンバン通る国道2号線を走るストレスが厳しかったのと、熱中症気味になった前日のダメージがかなり持ち越されてしまい、補給食のおにぎりが全然食べられなくなってしまったのです。

もともと胃腸がダメージを受けることは織り込み済みで、固形物を受け付けなくなったらジェルで凌ぐ予定ではあったのですが、まだ2日目です。残り2000キロをジェルだけで走るのはちょっと無理では……と弱気になりかけたとき、ちょうどハンバーガーショップの看板が目に入りました。

そのとき、思ったのです。「ハンバーガーが食べたい」と。

疲労のあまりおかしくなってしまったのでは、と自分でも疑いました。塩むすびさえ胃に入らないのに、ハンバーガーって……。

しかしダメもとでハンバーガーに口を付けたところ、まるで飲むように胃に収まるではないですか。

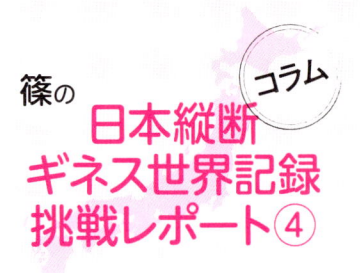

Part5

ダウンヒルの楽しさを知っていますか？

下りも上りくらい面白い！

◎下りの楽しさが忘れられている

上れば、必ず下りがあります。それにも関わらず、ロードバイクの世界で話題になるのはヒルクライムばかりで、ダウンヒルがまったく注目されていないことを私は不思議に思っています。

下るために上るようなライダーも多いMTBに乗るようになって私が感じたのは、「ロードバイク乗りは下りの楽しさを知らない」ということでした。下りは、転ばずにやり過ごせればそれでいい、くらいのイメージの方も多いようです。

しかし、それはもったいない！　ロードバイクの下りも、上りと同じくらい奥が深く、楽しいのです。ちょっとした体重移動だけでバイクの挙動は大きく変わりますし、ブレーキング一つとっても、一晩中語れるくらい繊細でディープな世界です。さらに、上りと違ってスピードも出ますから、風を切る楽しさもあります。

考えてみるとスキーやスノーボード、MTBなど「下る」ことを目的にしたホビーはたくさんありますよね。ならば、ロードバイクでのダウンヒルが面白くないはずがありません。

誤解しないでほしいのですが、私はスピードを出すことを推奨しているのではありません。ダウンヒルの面白さを知れば、スピードを出さなくても十分に楽しめます。下りの魅力はスピードだけによるものではありません。

下りの楽しさを知れば、ヒルクライムの面白さは二倍になります。ここでは安全で楽しい下りについてお伝えしましょう。

ポイント

- ダウンヒルは奥が深く、上りと同じくらい楽しめる。体重移動やブレーキングの技術によってバイクの挙動が変わるのも楽しみの一つ
- ダウンヒルの面白さはスピードだけではなく、コントロールやバイク操作の技術にもある。ダウンヒルの楽しさを知れば、ヒルクライムももっと充実したものになる

ダウンヒルの楽しみ

テクニックを問われるダウンヒルには、スピード以外にも奥深い魅力がある

アドバイス

ロードバイクの世界では、下りに重きを置いていない人が多いようですが、それはもったいないと感じます。下りが上達すれば落車のリスクも減らせますから、一石二鳥でもあるのです。

安全のための大原則は「見ること」

◎落車の原因は確認不足

昨今、ロードバイクでの落車や痛ましい事故が問題になることが増えました。安全についてはページを割く価値があると思っています。

ダウンヒルでも、最も怖いのは落車です。下りが苦手な人の多くも、落車への恐怖心が上達を阻んでいるのではないでしょうか。

安全のための細かいテクニックは色々ありますが、思うに、大原則は一つだけです。それは「よく確認する」こと。私が見る限り、転びやすい人のほぼ全員は単なる確認不足が原因で落車しています。

問題なのは、自分の確認が足りていない自覚のない人が多いことです。転んでから「あれは避けようがなかった」という人は多いですが、そういう人に限って明らかに確認不足ですし、また転びます。

前方の路面はもちろん、足元の路面から濡れ具合や舗装の状態をチェックし、コーナーがあればミラーを見て、視界がひらけたら下から上がってくる車がいないかを確認します。耳からも情報が入ってきますよね。

落車する人は、スピードを上げすぎてこういった確認ができていない傾向もあります。スピードを抑えて下るのは転びにくくするためでもありますが、十分に確認する時間を稼ぐ意味も大きいのです。

私も過去に何度か転びましたが、突き詰めて反省すると、原因はすべて私の確認不足でした。後ろから鹿に追突されたなら不可抗力ですが、そういうケースはほとんどないのが現実です。

ポイント

- 下りは転倒リスクが高く、初心者にとってはヒルクライム以上に難しい鬼門となることがある
- 下りでの転倒の主な原因は確認不足であり、適切なスピードを保ち十分な確認を行うことが重要

安全のための確認ポイント

前方だけではなく足元やミラーなど確認すべきポイントは多い

アドバイス

走りながらあちこちを確認するために必要なのもやはり「余裕」です。余裕をもって下ることは安全にも直結します。

下りでも大事なのは重心

◎手放しできる重心の位置を知る

「ダウンヒルで一番大事なことは?」と訊かれたら、私は迷わず「重心の位置です」と答えます。ブレーキングでもラインどりでもなく、重心です。

「また重心かよ」と思われたかもしれませんが、下りほど重心が重要になるシチュエーションはありません。平地や上りよりも重心が大事です。

というのも、重心が前のめりになっているライダーがあまりにも多いからです。平地や上りと同じようにサドルに座ったまま下りに入ってしまうと、重心はバイクの中心よりもずっと前に移動し、挙動が不安定になります。さらには重心がバイクの中心にないとブレーキの効きも非常に悪くなり、最悪、前転することもあります。

下りでの重心の位置は、上りや平地と同じように、BBの真上に位置するくらいだと安定するでしょう。重心の位置をチェックするのは簡単で、下りでハンドルから手を放しても大丈夫そうなら、それは重心の位置が正しいということです。もちろん危険なので実際にはやれませんが、ハンドルに荷重するのは前荷重になっているということです。

ペダルを水平にし、前側のペダルのかかとを下げ、後ろ側のペダルのかかとを挙げると、横から見たときに逆ハの字になって身体が安定しますよね。この逆ハの字の上に体重を乗せるとハンドルから手を離せるくらいの理想的な重心バランスになります。これが下りで安定するための大前提です。

ポイント

- ダウンヒルでは重心の位置が最も大事。重心が前のめりだと挙動が不安定になり、ブレーキの効きも悪くなり、最悪の場合、前転するリスクがある
- 安定した下りのためには、BBの真上に重心を置き、重心を適切に保つ必要がある。理想的な重心バランスは、ハンドルから手を離しても走れるくらい

下りでの重心の位置

上りと同じように、BBの真上に重心が位置する。バイクが前傾するため、上りや平地よりも腰を引く必要がある

アドバイス

「コーナーでは、ペダルが地面に当たることを防ぐために外側の脚を下死点に」とよく言われます。実際その通りなのですが、そこだけ意識して重心がおざなりになっては本末転倒です。重心は常に意識してください。

下りではハンドルのどこを持つか？

◎ストッピングパワーだけなら上でOK

ロードバイクでのダウンヒルについては、「ハンドルのどの部分を持つべきか？」という議論があります。主にブラケット部分か、それとも下ハンドル（ドロップ部分）のどちらがいいかで意見が分かれるようです。

長年、下りでは下ハンドルを持つものとされてきました。しかし近年しばしば聞くのは、「今主流のディスクブレーキは制動力が高いので、ブラケットを持って下ってもいい」というものです。

たしかにその通りで、「止まる」ことだけを考えるなら、ブラケットを持ってダウンヒルをしても問題ありません。強く握れば止まれます。

しかし私は、やはり下りでは下ハンドルを持った方がいいと考えています。ディスクブレーキのロードバイクであってもです。

理由は主に三つあります。

まず、下を持ったほうが小さい力でブレーキをかけられること。手や腕への負担が小さいですし、ブレーキ力の微妙な調整も簡単です。これは特に筋力が弱い女性にとっては重大です。

それから、下を持ったほうが段差などのショックで手がハンドルから離れるリスクが小さいこと。私はこれで酷い落車をしたことがあります。そして、ちゃんと身体を引いて重心の位置をバイクの中央に持ってこられれば、下を持ったほうがブラケットを持つよりずっと安定することです。

ただし、下ハンドルを持つことに恐怖心がある方もいるかもしれません。そんな方に向けた対策は左にまとめましたので、試してみてください。

ポイント

- ダウンヒルでは、ブラケットよりも下ハンドルを持った方が繊細なブレーキングができるため、バイクの挙動を安定させやすい
- ダウンヒルでのブレーキングは単に減速するためだけでなく、バイクの挙動を調整するためのもの

下ハンドルを持てるようになるために

対策①機材面

➡ ハンドルを持ってもブレーキレバーに指が届くよう、レバーの位置や引きしろを調整する

対策②重心移動を覚える

➡ まず、足を止めてペダルを水平にする。前側の足のかかとを下げ、後ろ側の脚のかかとを上げて前後の足を「逆ハの字」にする。後ろにお尻を引いて上半身を丸め、姿勢を低くしてひじに余裕を持たせる。手をブラケットから下ハンへ片手ずつ移し、ブレーキレバーに軽く指をかける

アドバイス

ダウンヒルでは、下ハンドルを持つことをおすすめします。下ハンドルの方がブレーキ力を細かく調整しやすく、バイクの挙動を安定させるために繊細な操作がしやすいからです。

コーナーリング① 減速

◎コーナーリングの二段階

ロードバイクの下りでのコーナーリングは大きく二段階に分けられます。コーナーに入る前の減速と、ブレーキング、コーナリングそのものです。この二つでは、身体の使い方もまったく違います。

まず減速ですが、減速フェーズでのブレーキングはフロントのブレーキが主体になります。ロードバイクから降りてリアブレーキを掛けたまま押して歩くとわかるように、リアブレーキのバイクを止める力は強くないからです。フロント7:リア3くらいの割合でブレーキをかけます。

もっと重要なのは重心です。減速すると前につんのめってしまうため、身体をやや後ろに引いてバランスをとります。多くの人がいつも通りにサドルに座ったまま減速していますが、それでは前輪の荷重が極端に大きくなり危険です。

ただし、サドルから大きくお尻を引くなど、極端に身体を引きすぎるのもNGです。そうすると前輪の接地が弱くなり、次の段階であるコーナーリングでスリップするリスクが増加します。

また、身体を後ろに引けば引くほどハンドルが遠くなりますから、操作性も落ちます。左の写真くらいにとどめるのがいいでしょう。

まとめると、コーナーリング前の減速のフェーズでは、

・フロントブレーキ主体のブレーキング

・身体の後ろへの移動

という二つの仕事があります。これを同時に、スムーズに行います。

ポイント

- **ロードバイクの下りでの減速は、フロントブレーキを主体に行う。フロント7:リア3程度の割合**
- **減速時には身体をやや後ろに引き、重心を後ろに移動させる。ただし、引きすぎるとコーナリング時にスリップするリスクが増す**

身体を引きつつ減速

フロントブレーキ主体で減速しながら、重心の位置を後ろに下げる

アドバイス

ブレーキはコーナーのかなり手前からかけはじめます。路面が滑りやすくないかなど路面の状態は、ブレーキングの前によく観察しましょう。

コーナーリング②曲がる

◎リアブレーキだけで曲がる

十分に減速したら、コーナーに入ります。

まず、コーナーに入るまでにフォームを元に戻します。つまり重心の位置を前の、本来の位置に持ってくるわけです。身体を引いたまま曲がると前輪の荷重が抜けてスリップしますから注意しましょう。

身体を前に戻しつつ、低くなっていた上体を少し立てます。これは、上半身に余裕があったほうが、コーナーリング時にラインどりの微妙な調整ができるなど、コントロール性が高まるからです。

つまりコーナーリングでの身体は、まずは「前後」、次は「上下」に動きます。この流れは身体に叩き込ませてください。

そしてコーナーを曲がるのですが、コーナーリングの最中も速度調整は行います。ただ、フロントブレーキは使わず、リアのブレーキだけ使います。コーナーリング中にフロントブレーキをかけるとスリップしやすいのと、重心が前に行ってしまい、挙動が非常に不安定になるからです。

そして、よく言われるようにイン側の足を上げます。これは地面にペダルが当たるのを防ぐためだと説明されることが多いのですが、それ以上に体重がかかるアウト側の足を下げて重心の位置を低くし、安定させる意味の方が大きいでしょう。

アウト側の足に全ての体重を預けて、サドルはお尻に触れているだけ、そしてハンドルは荷重ゼロの状態が理想です。アウト側の足に体重がかかる感覚がつかめない方は、まずは両足でペダルの上に乗ってしゃがむ下り方が安全です。

ポイント

- ◉コーナーに入る前に重心を前に戻して上体を少し立てる。これはコントロール性を高め、スリップを防ぐため
- ◉コーナーリング中の速度調整はリアブレーキで行う。アウト側の足を下げて体重をかけ、重心を低くして安定させる

余裕のある上体

低く、後ろに引いていた上体を元の位置に戻し、少し立てる。コントロール性を上げるためだ

アドバイス

「ずいぶん細かいなあ」と思われたかもしれませんが、これでもかなり端折ってお伝えしています。こういうことを考えながら曲がると、コーナーの一つひとつを楽しめますよ。

右コーナーが難しい理由とは？

下りで危険なのはコーナーですが、もっとも大事なのはセンターラインを割らないことです。ただし、左コーナーと右コーナーでは走り方や注意すべきポイントがまったく違います。

◎「インベタ」は危険

左コーナーでは、道路の左側ギリギリを走る「インベタ」は危険です。コーナーの先に障害物や人、動物がいても見えませんし、もしコーナーの先に対向車が来ていた場合は発見されるのが遅れるため衝突のリスクがあります。

リスクを避けるため、左コーナー侵入前にはロードバイク1台分ほどセンターライン側を走ってください。もちろん、安全に曲がれるくらいまでスピードを落とすことと、ミラーがあるならよく確認することは大前提です。

実は難しいのは右コーナーです。アウト側にガードレールや崖などがあることが多く、それが視覚的に怖いので、早すぎるタイミングでセンターラインに寄っていってしまうケースが多いんですね。

するとコーナーリングの途中で「まずい、インに入りすぎた」とラインをアウト側に修正することになり、それが落車の原因にもなります。

したがって、早すぎるタイミングで曲がりはじめないよう、注意してください。ただしアウト側に寄りすぎると道路が荒れていたり異物があったりと別のリスクがあるので、やはりバイク1台分くらいの余裕は持たせましょう。

ポイント

- 左コーナーでは「インベタ」は先が見えず危険。衝突リスクを避けるため、コーナーの先が見えるラインを曲がる
- 右コーナーでは早すぎる進入がライン変更と落車の原因となる

コーナーリングのラインどり

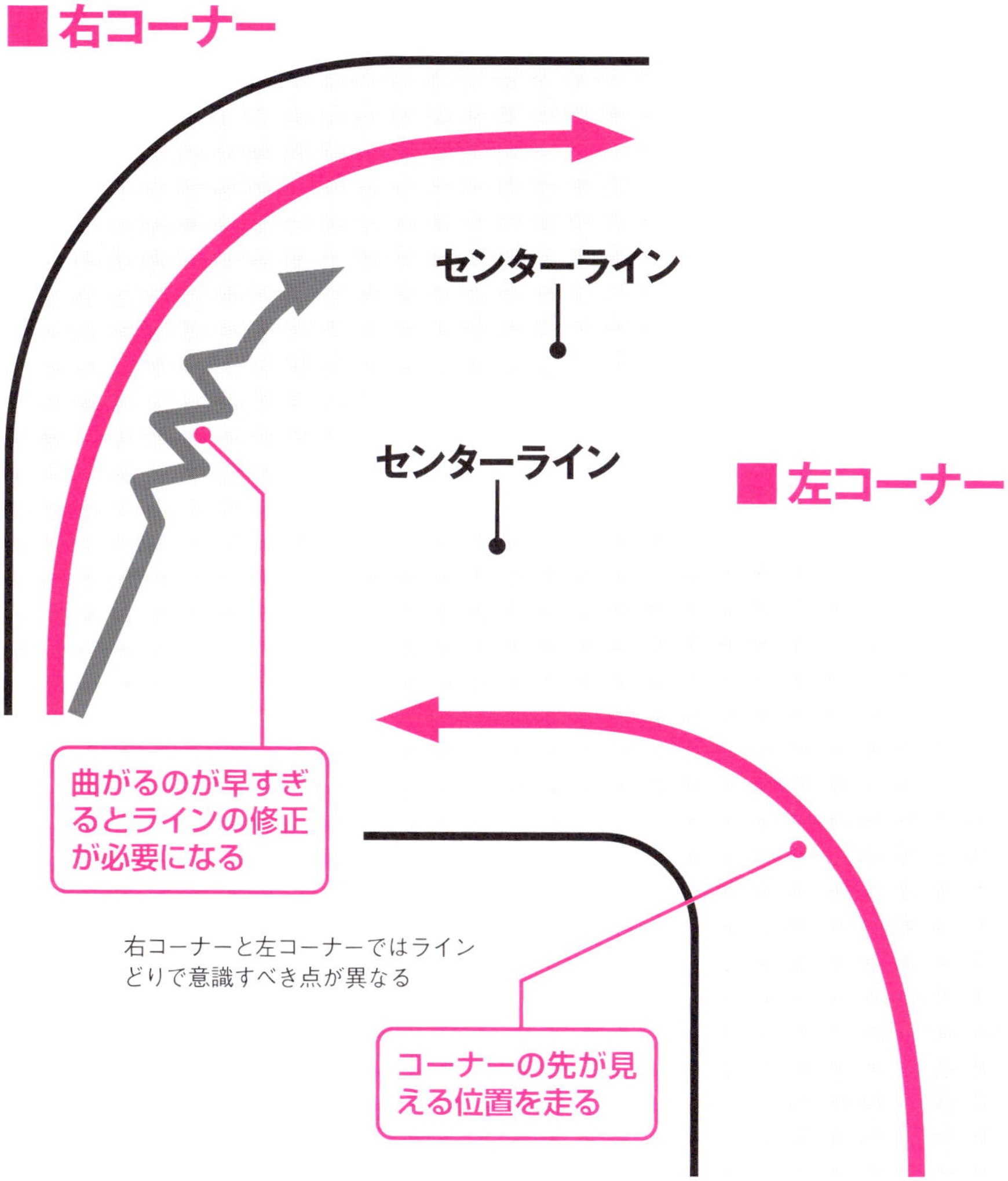
■右コーナー
センターライン
曲がるのが早すぎるとラインの修正が必要になる
センターライン
■左コーナー
コーナーの先が見える位置を走る

右コーナーと左コーナーではラインどりで意識すべき点が異なる

アドバイス

広い道でも、インに寄りすぎると車線をはみ出てきた対向車と正面衝突するリスクがありますから、センターラインを守るのは鉄則です。

どうしても曲がれないあなたへ

◎身体が曲がる方向を向いていない

ここまで読んでも、下りへの苦手感が払しょくされない人もいるでしょう。そういう方はコーナーへの苦手意識から抜けきれないようです。曲がれないんですね。コーナーが曲がれず、恐怖感があるので下りが怖い、という人は少なくありません。

そういう方を観察していると、顔はしっかりコーナーの出口を見ているのに、身体がそちらを向けておらず、正面を向いたまま。それが曲がれない原因です。バイクは身体が向いている方向に進みますから、直進しようとしてしまうのです。

そういう人に向けて、とっておきの方法をお伝えしましょう。右コーナーをクリアしている左の写真を見てください。お尻がサドルの左側に落ちて、右脚の太ももとお尻の右側だけがサドルに触れています。

変なフォームに見えるかもしれませんが、これはお尻をサドルからずらすことで、無理やり身体の方向を変えるやり方です。この写真の場合だとおへそがコーナーの出口がある右側を向いていることがわかるでしょうか。

身体の向きを変えるのは、簡単そうに見えて意外と難しいことです。とくにサドルにどっかりと座ってしまうと、びっくりするほどおへそ（身体）の向きは変わりません。だから、お尻をサドルから少しだけずらすこの方法が有効なのです。まずはロードバイクなしで、おへその向きを変えるこの動きを試してみてください。

ポイント

- ◉ コーナーで曲がれない原因は、顔は出口を見ているのに身体が正面を向いていることにある。バイクは身体の向きに進むため。
- ◉ お尻をアウト側に向けてサドルから半分ずらすと、身体の方向をコーナーの出口側に向けられる。

身体をコーナーの出口に向ける

お尻を半分アウト側に落とすと身体がコーナーの出口を向くため、曲がりやすい

アドバイス

サドルから半分お尻を外して外脚に荷重しているので、コーナーリング中にラインの変更などが生じても対応しやすいのもこのフォームのメリットです。

篠の

コラム

日本縦断ギネス世界記録挑戦レポート⑤

脚を止めなかったからゴールできた

好物でもなかったハンバーガーをペロッと食べた後、不思議と脚もよく回りはじめました。思うに、事前準備として2カ月かけて脂質を多く食べるようにしてきた結果、身体が脂質をエネルギー源にできるよう変化し、だからハンバーガーのような脂の多い食品を求めるようになったのではないでしょうか。

その後も私は糖質よりも脂質をメインに補給をとり続け、ハンバーガーやホットドッグ、唐揚げなどを食べつつ走り続けました。1日の摂取カロリーが3000キロカロリー程度で済んだのは、身体が脂質を優先的にエネルギーにするようになり、食べた脂質と予め身体に蓄えてあった脂肪を使って走れたからだと思っています。

その後はひたすら、淡々と走ります。もちろんどんどん疲労は溜まっていき、朝起きるのもフラフラでしたが、繰り返しになりますが「そういうものだろう」と思っていたのでショックはありません。というか、毎日400キロ走り続けて元気だったらそちらのほうが怖い。そうそう、道中、予定になかった形でホテルのお風呂に入れたときは生き返りましたね。入浴の威力を思い知りました。

こうして私は、静かに2536キロを走り切りました。宗谷岬にたどり着いても、泣いたりはしませんでした。脚を止めなければたどり着くだろうと信じていたからです。

しかし、自転車での本当の感動とはこういうものなのかもしれません。何か奇跡が起こったわけではないけれど、やるべきことを淡々とやっていたら、いずれ遠い所にもたどり着く。速さだけが価値ではないということです。

Part6

ロードバイクはもっと楽しめる

ロードバイクを楽しみ続けるために

◎タイムが伸びなくなったら？

トレーニングをはじめたばかりはどんどん成長していくワクワク感がありますが、次第に成長が緩やかになり、停滞期が訪れます。残念ながら、強くなる近道はないので、愚直にやるべきことをやり続けるしかありません。そしてやり続けた人は必ず芽が出ます。

でも、「頑張る」ことのキャパシティは人それぞれです。SNSが普及した現代ですから、人から刺激を受けてモチベーションが上がる人がいれば、比べて落ち込んでしまう人がいるのも事実。

そこで視野を広げて、違う楽しみ方を見出してみるのもいいでしょう。

トレーニングだけが楽しみ方のすべてではありません。のんびりポタリングをしてもいいし、速さは忘れて景色だけを楽しむロングライドもいいでしょう。

極端な話ですが、スポーツバイクはロードバイクだけではありません。たとえば、MTBやシクロクロスなどオフロードを楽しむ車種がたくさんありますよね。近年はダートも走れるロードバイクである「グラベルロード」も注目されています。

実際、私は次項にあるように2019年に故障からのスランプに苦しんだのですが、その時はMTBに出会ったことでかなり救われました。

それはメンタル面だけではありません。バイクコントロールのスキルなどをMTBから得たことでヒルクライマーとしても成長でき、スランプ明けにはいろいろな峠のタイムで自己ベストを更新できました。

ポイント

- ◉ ヒルクライムで速くなることに執着すると、伸び悩みで楽しさを見失うことがある。新しい楽しさを見つけることが大切
- ◉ ロードバイクを長く楽しむためには、視野を広げ、新しい挑戦に積極的に取り組むことが重要。楽しむことで自然と技術も向上する

楽しみの多様さ

ロードバイクの楽しみ方は速さの追求だけではない。ロングライドや旅など、気ままな楽しみもある

アドバイス

私は速くなることを否定したいわけではありません。速く走れるのは素晴らしいことです。なぜなら、速く走ることと、遅く走ることの両方を楽しめるからです。

「無理をしない」が大前提

◎故障からのスランプ

私は、実は2019年に重いスランプに陥ったことがあります。

原因は故障です。「外側大腿皮神経痛」という、長時間太ももの付け根を圧迫することで起きる障害で、太ももの外側にしびれが走るほか、激しい腰痛も伴います。身の丈に合わない練習量と、身体に合っていないポジションの負担が原因でした。

このころは絶好調の時期でした。走れば走るほど峠のタイムが速くなり、どこまでも強くなれそうな気がしていたのです。走るたびにタイムアタックをし、自己ベストを更新していました。

故障は、最初は違和感からはじまったのですが、ケアをおろそかにしているうちにどんどん悪化し、腰痛が激しくなっていきました。

座っていても、立っていても痛い。もちろんロードバイクに乗るどころではありません。私は、ロードバイクを楽しむためには健康な身体が不可欠だと痛感しました。

私はこの経験から神経を圧迫しないようポジションを見直したり、負担をかけない走り方を研究するようになりました。そして、自分が楽しめる範囲でロードバイクに乗るようになりました。

「健全な魂は健全な肉体に宿る」といいますが、本当にロードバイクが楽しめるようになったのは、2019年のスランプで自分の心身と相談できるようになって以降の話です。速くなることも大事ですが、無理をしないことはその前提なのです。

ポイント

- 乗りすぎやプレッシャーから心身のスランプに陥ることがある。無理をせず、自分の限界を理解しながら楽しむことが大切
- 速さの追求だけでなく楽しむことの大切さを忘れない

オーバートレーニング

身体のキャパシティを超えたトレーニングを続けると故障などのオーバートレーニングに陥るリスクがある

アドバイス

いつかは伸びなくなる日が来る、という当たり前のことを受け入れ、「伸びる」以外にもたくさんの楽しみ方があることに気づいたら、心が楽になりました。

余裕があるのが格好いい

◎楽しむための余裕

2年を超えるスランプから脱却できたのは、「速くならなければいけない」という呪縛から自由になれたからですが、そのきっかけの一つに、スランプ中に乗りはじめたMTBがありました。

オフロードを走るMTBはロードバイクとはまったく違う自転車で、楽しさの質も別物でした。最大の違いは、テクニックというか、「上手に走ること」がとても重要である点です。

私はMTBに乗りはじめたことで、パワーや峠のタイムといった「速さ」以外にも「成長」を実感できる指標を持てたのです。これが気持ちの余裕にもつながりました。また、何日か乗らなかったら急激に落ちる有酸素運動能力とは違い、テクニックは一度身につけると一生忘れないものなのです。

ただ、速さに価値を感じるのは今も変わりません。速さと上手さは密接な関係にあるからです。ロードバイクでも自分の身体を操ることが上手い人ほど速く走らせることができますし、コーナー一つとっても、スムーズに、速くクリアできます。

上手くて速い人には余裕がありますから、それが格好いいんですね。今の私は、上手さと速さを合わせ持った「余裕があるサイクリスト」を目指しています。

余裕がある人は楽しむことも上手です。そういう人は、ロードバイクだけ乗っていても、速さ以外の楽しみがあることに気づけるでしょう。

ポイント

- ◉ スランプから脱却できたのは、「速くなること」だけにとらわれず、MTBで「上手に走る楽しさ」を知ったから。速さだけでなく技術も楽しみの一つ
- ◉ 速さと上手さは密接な関係があり、両方を備えたライダーは余裕がある。余裕があることで楽しみ方も増え、サイクリングをより深く楽しめるようになる

MTBで楽しみが広がった

ロードバイクとは異質なMTB。高度なテクニックが要求される

アドバイス

MTBの世界では、上手い人ほど力まず、スマートに乗っているように見えます。そこで知り、ロードバイクに応用できた学びは数知れません。

スーパーロングライドへの挑戦

◎楽しむための余裕

速さ以外のロードバイクでの楽しみ。それはたとえば、「距離」です。

もともと私は山ばかり走っていたので、あまりロングライドはしていませんでした。最長でも300キロ弱くらいでしょうか。

しかし2020年に新型コロナウイルスの流行がはじまるとレースやイベントが軒並みキャンセルになり、ちょっと退屈というか、何か新しいことをやってみたくなったのです。そこで、今まで手を出していなかったスーパーロングライドに関心が向き、チバイチ（千葉県一周512キロ）や大阪→東京「キャノンボール」といった、500キロくらいのライドにチャレンジしはじめたのです。

スーパーロングライドも、「自転車の新しい楽しみ方」という点ではMTBに似ていました。そこにはヒルクライムにない楽しさや経験があり、ロードバイクの新たな魅力を知ったのですが、同時に一つ、自分の弱点に気づくことになりました。

私は胃腸があまり強くないのです。特に脂質に弱い。もともと脂っこいものがあまり好きではないのもありますが、チバイチで400キロを超えたくらいで補給にフィナンシェを食べたところ「うっ」となってしまい、改めて脂質との相性の悪さを思い知らされました。

一般的に補給食というと糖質が主体ですが、カロリー消費量が莫大になるスーパーロングライドでは、補給のすべてを糖質でまかなうのが厳しいのです。そのため脂質も大事なのですが、私はそれが苦手でした。

ポイント

- ロードバイクの楽しみ方は「速さ」だけでなく距離の追求にもある。スーパーロングライドで新たな魅力を発見し、400キロ以上の挑戦を楽しんだ
- スーパーロングライドでは糖質だけでなく脂質の補給も重要。しかし、脂質が苦手な筆者はそこに苦しんだ

一般的な補給食

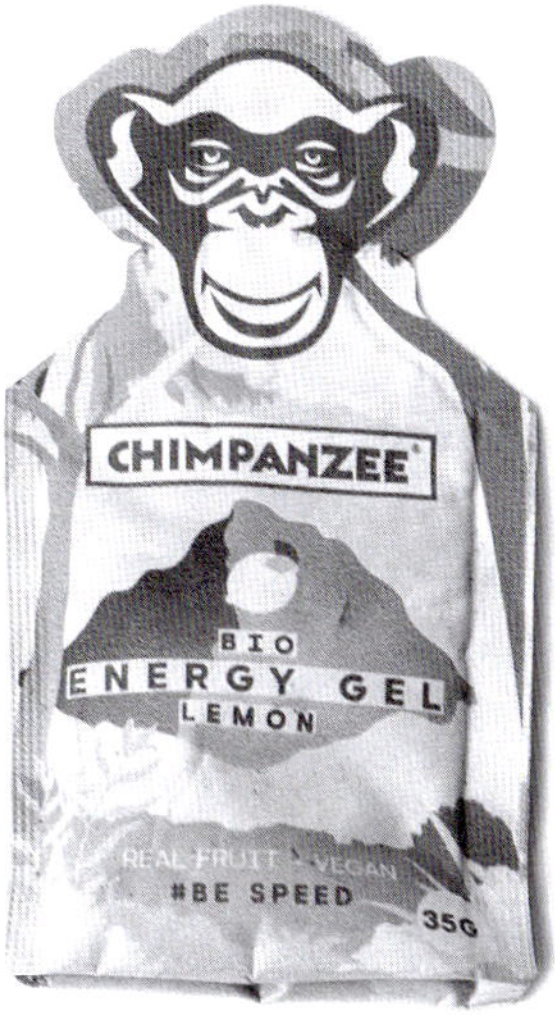

一般的なロングライドやレースでは、和菓子やジェルといった脂質の少ない糖質が補給食として推奨される。だが超ロングライドではカロリー消費量が多く、事情が変わる

アドバイス

私は普段、食べる量がとくに多いわけではありません。その意味でも胃腸が強いとは言えず、スーパーロングライドに向いているとはいえなかったのです。

日本縦断ギネス世界記録への挑戦

そんな、ロングライド向きの身体を持っているとは言い難い私が日本縦断のギネス世界記録に挑むことになったのは、ひょんなきっかけからです。ロードバイクに乗りはじめて10年が経ち、当初のような無謀な冒険にワクワクしていた毎日を取り戻したくなっていた2023年に「最強ホビーレーサー」高岡亮寛さんに、「篠さんもやってみない？」と誘われたからです。

◎ 佐多岬から宗谷岬まで

日本縦断とは、文字通り日本本土最南端の佐多岬から最北端の宗谷岬までの約2600キロを走りきること。

高岡さんは一度、日本縦断のギネス記録（6日と13時間28分）を打ち立てましたが、それを更新した落合祐介さんの記録に再挑戦し、残念なことに4日目にリタイアしていました。ちなみに、その時点での女性によるギネス記録は遠藤杏奈さんの180時間18分です。

それまでの私は最長で500キロくらいのライドの経験は何度かありましたが、時間にするといずれも24時間くらいです。一週間近くかかる日本縦断はレベルが違います。

しかも、単に走ればよいのではなく、多くのサポートメンバーや多額の資金など、準備も途方もなく大変です。もちろん、ライドそのものが想像を絶するレベルで過酷であることは言うまでもないでしょう。

それでも私がチャレンジしようと思ったのは、MTBに乗りはじめたことにも似て、自転車にはいろいろな楽しみ方があることを証明したかったからです。

ポイント

- 日本縦断のギネス記録に挑戦することになったのは、高岡亮寛さんからの誘いがきっかけ。日本本土最南端から最北端までの約2600キロを走り、タイムを競う
- 日本縦断は、準備やサポートが大変で過酷な挑戦だが、ヒルクライムとは違う、新しいロードバイクの楽しみ方の追求でもあった

日本縦断ギネスチャレンジ

日本本土最南端の佐多岬から最北端の宗谷岬までの約2600キロのタイムトライアル。膨大な準備も走りも過酷だ

アドバイス

ギネス記録に沿ったチャレンジをするために必要な資金はおよそ200万円にも達しました。資金面で援助してくださった企業・個人のスポンサーの皆さまには感謝しています。

がんばりすぎない2600キロ

◎ストレスを徹底的に避ける

もったいぶらずに結論から書くと、私は2024年5月、日本縦断のギネス世界記録を更新しました。記録は148時間48分で、女子カテゴリーの記録を更新しただけでなく、男子を含めても歴代2位だったのです。

何度も書いたように、私はプロ選手やトップホビーレーサーのように心身が強いわけではありません。チャレンジ前にメディア向けに発表会を開いたのですが、その緊張だけで、まだ走ってもいないのに心が折れそうになったくらいです。

ただ、もし私に強みがあるとしたら、そういう自分の弱さを知っていることだったかもしれません。どうせ速く走れないことは知っていましたから、速く走れないことを前提で計画を立てましたし、走りながらペースがどんどん落ちていくことも受け入れました。自分に期待しすぎて失望するストレスが嫌だったのです。

詳細はコラムに記しましたが、私はストレスに弱いので機材についても走り方についても特別なことはせず、普段通りを心掛けました。距離は1日400キロくらいを目標にしていたのですが、「1日400キロ」と考えると辛そうなので「100キロののんびりライドを4回」と考えるようにしました。

そして、常にポジティブであることと、楽しむことを心掛けました。最初の100キロを走り終えたときの私の感想は、「もう1／26も走れた！」というものです。

ヒルクライムも日本縦断も、本質的にはよく似ているのかもしれません。本当のコツはただ一つ「がんばりすぎないこと」なのでしょう。

ポイント

- 2024年5月に日本縦断のギネス記録を148時間48分で更新し、女子カテゴリーの記録を達成するとともに、男女を含め歴代2位となった
- ストレスを避けるため、普段通りの機材や走り方を選び、無理をせずポジティブな心持ちで挑んだことが成功の要因だった

日本縦断のギネス世界記録更新

記録は148時間48分(6日と4時間48分)で、女子カテゴリーの記録を更新しただけでなく、男子を含めても歴代2位だった

アドバイス

ちなみに、胃腸の弱さは脂質主体の補給食にすることで乗り切れました。興味があるかたはコラムを読んでみてください。

おわりに

ロードバイクのすべてが面白い

ヒルクライムからスポーツバイクの世界に入った私ですが、気が付いたらＭＴＢに乗って山を駆け巡ったり、日本縦断のギネス記録にチャレンジして記録を達成したりと、あちこちに手を広げています。

しかしそれでも私は、ヒルクライムが大好きです。非日常的な景色に出会えますし、上りは速度が低いため危険性も小さい。パフォーマンスがタイムというわかりやすい指標で示されることにも、ゲームのような中毒性があります。

ただ私が本書で伝えたかったことの一つは、たとえヒルクライムだけを楽しむにしても、その楽しみ方は多様であるということです。

タイムの追求もいいけれど、人があまり通らない新しい道を開拓する冒険もエキサイティングだし、あるいはこの本でずっと解説してきたような身体の使い方を改善することにも、他にはない面白さがあります。

私が伝えたいのは、ロードバイクはその「すべて」が楽しいということです。上りも楽しいけれど、平地も下りも同じように気持ちいい。スピードの追求もいいけれど、ゆっくり走りながら自分の身体と対話するのもいい。無駄な部分がないんです。

ただ、そのことに気づいている人が意外と少ないなと感じています。ヒルクライムレースのブームが少し鎮静化しているのも、たぶん速さ以外の面白さがあることを知らない方が多いせいではないでしょうか。

それではもったいないですよね。繰り返しになりますが、ロードバイクはすべてが楽しいのです。

そして、その巨大な楽しさにもっとも触れやすいのが、ヒルクライムです。峠の先には、たくさんの楽しみが待っているはずですよ。

篠

著者プロフィール

篠（程《テイ》 瑶《ヨウ》楓《フウ》）

マンガ『弱虫ペダル』（渡辺航、秋田書店）をきっかけにロードバイクに乗りはじめ、主にヒルクライムを中心に楽しむ。その様子をSNSで発信し、多くのファンを獲得する。近年はMTBやスーパーロングライドにも取り組み、2024年には日本縦断2536㎞のギネス世界記録に挑み148時間48分で完走。女子の新記録（男子を含めても当時歴代2位）を達成した。同年、MTBのインストラクター資格も取得している。

STAFF

編集協力・構成 ………………… 佐藤　喬
装丁・本文デザイン・DTP …. 前田利博（Super Big BOMBER INC.）
撮　影 ………………………… 加藤陽太郎（アップハーツ株式会社）
村瀬達矢
写真提供 ……………………… 戸谷信博、『MTB日和』（辰巳出版）

ヒルクライムステップアップ

2024年10月５日　初版第１刷発行
2025年６月15日　初版第３刷発行

著　者　　篠（程 瑶楓）
発行者　　廣瀬和二
発行所　　株式会社日東書院本社
〒113-0033 東京都文京区本郷1丁目33番13号 春日町ビル5F
TEL:03-5931-5930（代表）
FAX:03-6386-3087（販売部）
URL:https://tg-net.co.jp/

印刷　　三共グラフィック株式会社
製本　　株式会社セイコーバインダリー

ISBN 978-4-528-02440-3 C0075